»Das Glück dieser Erde«
Pferdegeschichten

Herausgegeben von Marie Bernhard
Mit Illustrationen von Christina Kraus

Insel Verlag

Insel-Bücherei Nr. 1525

»Das Glück dieser Erde«

MARION GRÄFIN DÖNHOFF
Nie schien die Freiheit größer

Die ersten Bilder seiner Jugend waren der See vor dem Hause, der Wald, der sich an den Park anschloss, endlose Kornfelder, Weidegärten und Pferde – Rennpferde, Mutterstuten, Hengste. Und schließlich nicht zu vergessen die Pferde in den Ställen der Gutshöfe, die die Knechte viererlang vom Sattel aus im Galopp auf die Felder jagten, wo wir dann abwechselnd mit der Dorfjugend von Hocke zu Hocke »weiterfahren« durften, uns auf diese Weise im Reiten und Fahren übend. Der Stall, in dem die sogenannten Kutschpferde, also die Reit- und Wagenpferde, in langer Reihe nebeneinanderstanden, prachtvoll »frisiert« und mit schöner »Jacke«, wie man das nannte, war sehr viel mehr nach des jungen Lehndorff Herzen als das zinnenreiche Schloss, das sein Großvater, der langjährige Flügeladjutant Wilhelms I., kurz nach der Jahrhundertwende gebaut hatte.

Von ihm – Großvater Lehndorff – gab es ein Bild, das ihn in großer Uniform, mit langen Bügeln in der eleganten Manier jener Zeit, auf einem Grauschimmel sitzend, zeigte. Es stand im »Gelben Salon«, das heißt, es hing nicht an der Wand, sondern es stand dort auf einer Staffelei. Ein verblichenes Couvert, das aus seinem Nachlass stammte und irgendwo aufbewahrt wurde, enthielt, von uns sehr bestaunt, die Schrotkugel, die den alten Kaiser verwundet hatte, als Nobiling am 2. Juni 1878 in Berlin unter den Linden auf ihn schoss. Es war jenes Attentat, das Bismarck zum Anlass für das Sozialistengesetz genommen hat.

Preyl war das einzige große Haus aus modernen Zeiten in

Ostpreußen. Anders als in Schlesien, wo der Reichtum, den Kohlengruben und Industrie hervorbrachten, in den Gründerjahren auch auf dem Lande meist recht geschmacklosen Ausdruck gefunden hatte, gab es in Ostpreußen keinen großen Landsitz, der in der zweiten Hälfte des 19. Jahrhunderts erbaut oder auch nur umgebaut worden wäre. Die repräsentativen Schlösser (bis auf Schönberg, das aus der Ordenszeit stammte) waren meist unter dem ersten preußischen König bald nach dessen Krönung im Jahre 1701 errichtet worden. Und seither hatte man maßvoll und gemessen ohne jedes Prunkbedürfnis in ihnen gelebt.

Preyl lag etwa 15 Kilometer nördlich Königsbergs, während meine Heimat Friedrichstein sich 20 Kilometer östlich der Provinzhauptstadt befand. Vor dem Ersten Weltkrieg, als man noch keine Autos hatte, pflegten unsere Eltern diese Strecke von hin und her 70 Kilometer je nach Wetterlage im Coupé oder im offenen Landauer zurückzulegen, gelegentlich sogar nur zum abendlichen Diner. Nach dem Ersten Weltkrieg, zur Zeit, da wir heranwuchsen, wäre uns dies als heillose Zeitverschwendung erschienen, wir fuhren mit der Eisenbahn oder mit dem Rad.

Keineswegs für Zeitverschwendung hingegen hielten wir es – Heini Lehndorff, seine Schwester und ich –, täglich viele Stunden auf den Pferden zu verbringen. Kein Weg und kein Pfad im kilometerweiten Umkreis, den wir nicht kannten. Kein Stoppelacker im Herbst, kein sandiger Weg, der uns nicht als Rennstrecke diente. Noch ist mir der Ton der sich dehnenden Gurte und das Knirschen des Sattelzeugs im Ohr, spüre ich das Sausen des Windes und das Scheuern der Fingerrücken am nassen, schweißduftenden Pferdehals. Nie schien die Freiheit größer und das Glück gegenwärtiger.

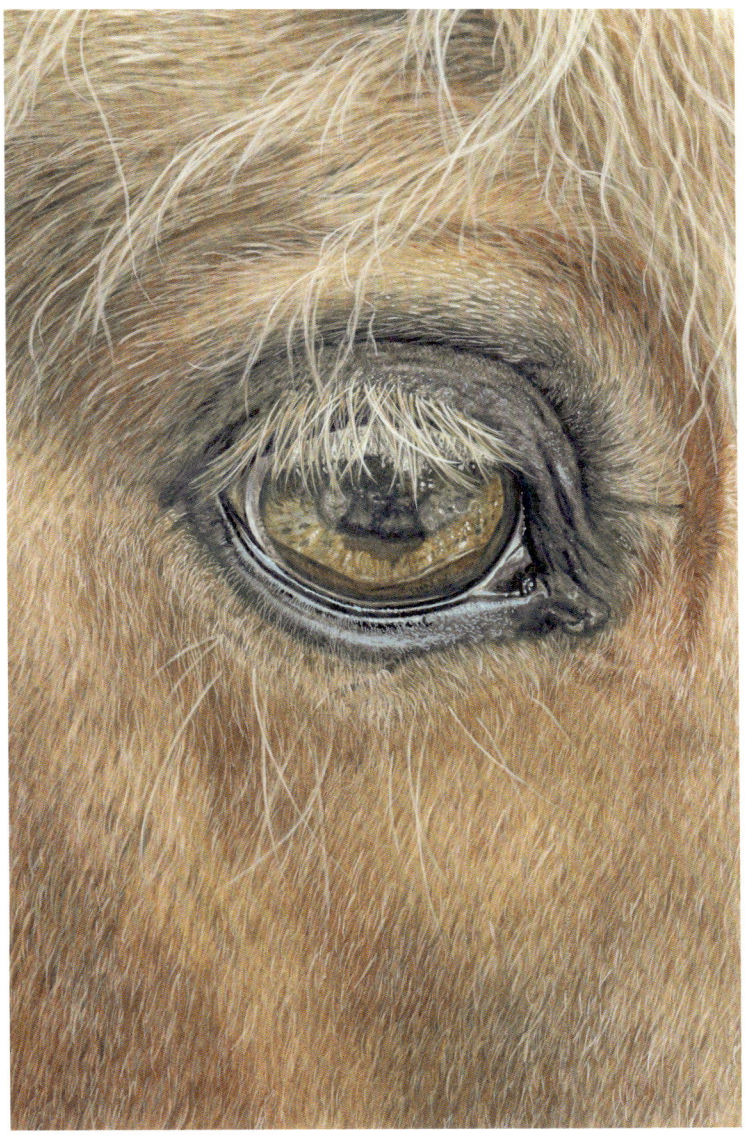

JOHANNES BOBROWSKI
Pferde

Auf das Fell gelegt
deine Hand, den Quell
spür, über den Leib
das Zucken, Blut, eine Welle
läuft auf dich zu.

Als die Steppen waren:
die Schütte Sommer immer,
aber die Zeit aus Wind,
groß mit den Himmeln, Lüfte
durstig, gesunken trockenen
Munds auf den See –
als die Steppen waren:
unter dem Wirbel der Sterne,
ihrem räderrasselnden
Lärm, und die Stille
zerschlug ihn, Nacht und lichtlose
Frühe, kalt –
als die Steppen waren:
keine Heimstatt, die Wälder
hoben sich rauh, wir zogen
vor ihnen her –
      damals bist du gekommen,
Pferd, Gefangener, dunkel
im Aufgang der Schönheit, der Wildnis

Traum, – das Zucken, die Welle
Blut überlief dich,
dem in die Hand, der dich rief,
der aus der Höhle trat, Jäger,
hinter ihm die gefiederten
Wände, der Feuerschein. Rauch
löschte dein Bild aus.

Der Grauschimmel

Indio, gib mir meinen Moro zurück,
denn du hast mir mein Leben genommen.

Im Laden von Tres Arroyos hörte ich an jenem Nachmittag am Radio dieses Lied, von Gardel gesungen, als ich von Ireneo, der gewiß kein Lügner ist, etwas Unglaubliches erfuhr: daß in Frankreich die Leute Pferdefleisch essen und daß man dem Besitzer des Betriebes, in dem ich arbeitete, Pferde abkaufen wollte (und der gemeine Kerl hatte sofort eingewilligt!), um sie nach Frankreich zu verschiffen.

Ich war damals acht Jahre alt. Trotz meiner Jugend arbeitete ich als Peon, als Arbeiter, wie ein Mann, besser als ein Mann, weil ich nicht faul war. Vielleicht machten mich meine Tüchtigkeit und mein Fleiß beliebt, denn alle Peone schenkten mir etwas: allerdings erledigte ich auch einen Teil ihrer Pflichten. Aber was bekam ich alles geschenkt! Das Schönste – ich besitze es heute noch – war das Paar Sporen mit den kleinen Silbersternen.

Ich war der letzte beim Schlafengehen und der erste beim Aufstehen, um das Herdfeuer anzuzünden, den Mate zu bereiten oder die Pferde zu satteln. Sie nannten mich *Findling*, aber außerdem auch *Bichofeo*, das heißt Dreckspatz, weil ich häßlich war, *Wiesel*, weil ich nachts Eier stahl, *Bachstelze* wegen meiner spindeldürren Beine.

Ich war vertraut mit allem, was Männer zu tun pflegen: Trinken, Rauchen, Boccia- oder Tabaspielen; ich konnte Tiere mit dem Lasso einfangen und abhäuten, ich verstand auch anderes, worüber ich schweige. Ich liebte die Pferde, sie waren meine Spielsachen, aber auch mein Handwerkszeug. In der Herde von Don Eusebio (diesem gemeinen Kerl, dem »La Felicidad« in Tres Arroyos gehörte) gab es Pferde aller Farben: Füchse, Braune, Rotschimmel, Rotfüchse, Hellbraune, Getigerte, Geschecke, Gefleckte, Rappen, Schimmel. Ich mochte sie alle, außer dem Schimmel, weil er die Blitze anzog, und dem Rotschimmel, weil er schmutzig aussah. Meins war ein Grauschimmel, einer der wenigen dieser Art in meinem Dorf. Vielleicht war das der Grund, weshalb mir das Lied vom Moro so gut gefiel, das Gardel sang und das ich so oft am Radio von Tres Arroyos hörte.

Ich war nicht grüblerisch veranlagt und auch nicht abergläubisch, obgleich ich schon die Erfahrungen eines Erwachsenen gemacht hatte. Ich begann zu fürchten, daß man den Moro mit dem Rest der Herde verschiffen würde, denn er war nicht nur eigenwillig und halb lahm, sondern außerdem altersschwach, und er gehörte mir ja gar nicht. Die Männer des Betriebes, mit Ausnahme von Ireneo, der ein Herz von Gold hatte, nahmen die Freundschaft zwischen mir und dem Pferd gar nicht wichtig. Ich selber betrachtete mich ihretwegen sozusagen als seinen Besitzer, doch ich gebe zu, daß ich mich da irrte.

Sehr bald stellte es sich heraus, daß meine Sorge begründet war.

Das Abreisedatum wurde festgesetzt, und im Betrieb fand ein Rodeo statt: man sonderte die Pferde aus, die nach Bahia Blanca gebracht und auf dem französischen Frachter »Mistral« verfrachtet werden sollten. Drei Männer und ich würden sie zum Hafen treiben. Dann würden Ireneo und der Aufseher mit der für den Schlachthof in Frankreich bestimmten Herde an Bord gehen. Ich verabschiedete mich von meiner Mutter, als stände eine Seefahrt bevor – und sie wollte mich nicht einmal nach Bahia Blanca ziehen lassen, um nicht allein zu bleiben. Statt ihrer Backe küßte ich ihr blaues wollenes Schultertuch und dachte dabei, daß ich noch viel weiter reisen würde.

Es war Hochsommer. Wir trieben die Pferde von morgens bis abends. Ich hatte wenig Gepäck mitgenommen, gerade nur das Notwendigste für eine lange Reise: die kleinen Sporen und den Poncho. Der Aufseher schalt ständig mit Ireneo und mit mir: das brachte mich Ireneo näher. Ich dachte mir lauter Tricks aus, um an Bord zu kommen. Doch was konnte ich tun, ohne fremde Hilfe? Sollte ich mich auf dem Schiff verstecken, bis es Anker lichtete? Beim Moro bleiben? Im letzten Moment mit ihm fliehen? Doch dann fiel mir etwas Besseres ein. Ich wußte, daß eine Zwiebel die Augen zum Weinen bringt. Bevor wir nach Bahia Blanca kamen (im ganzen brauchten wir für die Strecke eine Woche), stahl ich in der Küche eines Gasthauses, an dem wir hielten, eine Zwiebel und rieb mir damit die Augen, um Ireneo zu rühren. Alles ging wie am Schnürchen, denn ich blieb eine halbe Stunde mit ihm allein, tränenden Auges, während der Aufseher sich die Füße wusch, im Abort Wasser ließ oder andere umständliche Vorbereitungen zu seiner Reise traf. Ich erklärte Ireneo den Grund meines Weinens: Moro war ein außergewöhnliches Pferd; um es zu retten, würde ich mit ihm auf das Schiff gehen. Echte Tränen hätten kaum mehr bewirken könne!

Ireneo sagte: »Ein Mann weint nicht, schon gar nicht, wenn er Sporen trägt und Bichofeo heißt. Der Moro ist nichts wert – doch jeder nach seinem Geschmack … Pfui, du stinkst aber!«

Er versprach mir, wenn ich ein Bad nähme, werde er selber

eine große Kiste herrichten, angeblich um sein Werkzeug sicher zu verwahren; darin könne ich mich auf der Überfahrt verstecken. Das tat er auch, denn er war ein Mann, der sein Wort hält. Statt sich Bahia Blanca anzusehen, machte er an unserem Abfahrtstag die Kiste zurecht, in die er eine Strohmatte und ein paar Säcke zum Zudecken legte. Im letzten Moment schlüpfte ich in das Versteck. Ireneo nagelte die Bretter drauf, ließ aber ein paar Löcher, damit ich atmen und auch etwas sehen konnte. Nachdrücklich sagte er den Stauern, sie sollten die Kiste nicht allzu grob behandeln, damit das Holz nicht kaputtginge. Mit dem Kran wurde sie mühelos an Bord gehoben.

Fünf Tage lang schlief ich auf Deck, auf der Strohmatte, bei den Pferden. Ireneo besuchte mich und brachte mir Essen. Nachts verließ ich mein Versteck, und da mich glücklicherweise niemand entdeckte, wurde ich übermütig und spazierte sogar während der gefährlicheren Stunden frei herum. Der Aufseher überraschte mich, als ich gerade den Moro umarmte. Ireneo schien ebenso überrascht wie der andere. Sie überlegten, ob sie mich ins Meer werfen sollten, denn meine Anwesenheit an Bord konnte sie in Schwierigkeiten bringen. Dann entschlossen sie sich, mit einer Münze über mein Schicksal zu entscheiden. Sie waren betrunken. Ich merkte es daran, daß sie ununterbrochen Wein aus einer großen Flasche tranken. »Die Franzosen nehmen gute Getränke auf ihre Schiffe mit; später tauschen sie sie dann gegen Yerba Mate oder Erdnüsse ein«, hatte mir Ireneo am Vortag gesagt.

»Kopf oder Schrift?« sagte Ireneo.

»Kopf«, sagte der Aufseher.

Ireneo warf die Münze in die Luft und fing sie in der offenen Hand auf. Sie lag mit dem Kopf nach oben.

»Wir werfen ihn ins Meer«, murmelte der Aufseher.

Das Grausamste aber sagte Ireneo: »Nimm Abschied vom Moro, Bichofeo!«

Sie breiteten einen Poncho auf dem Boden aus. Ich verabschiedete mich vom Moro, wie Ireneo befohlen hatte, und legte mich mit dem Gesicht nach unten auf den Poncho, dann rollte ich mich auf der Seite zusammen. Die Männer nahmen den Poncho an den Enden und hoben mich hoch. Wäre es ein Scherz gewesen, hätte mir das Spiel gefallen. Das Schiff bewegte sich, und stolpernd näherten sich die Männer der Reling. Die Pferde begannen zu wiehern, als hätten sie verstanden, was vorging; doch sie wieherten nicht meinetwegen, sondern vor Angst, weil ein Gewitter heraufzog. Die Matrosen erschienen auf Deck, kletterten auf die Masten, lösten Seile, knoteten andere fest. Der Aufseher und mein Freund ließen die Enden des Ponchos los, und ich fiel auf den Boden.

»Mach, was du willst«, sagten sie mir und stützten sich mit den Armen auf die Reling.

»Ich wasche meine Hände in Unschuld«, erklärte der Aufseher und zündete sich eine Zigarette an.

»Sag dem Moro, er soll dich beschützen. Hast du nicht um ihn geflennt wie ein Weib, als wir nach Bahia Blanca kamen?«

Ich setzte mich auf einen Haufen Seile, mehr tot als lebendig. Weder ich mit meinem Schrecken noch der Aufseher und Ireneo in ihrem Rausch achteten auf die hin und her rennende Besatzung oder auf den Kapitän, der herankam und mir auf die Schulter klopfte und ein paar Worte auf französisch sagte. Später erfuhr ich, daß er mich für ein Gespenst gehalten hat, für eine Erscheinung, durch einen der Anfälle hervorgerufen, an denen er manchmal litt. Jetzt, wenn ich zurückdenke, glaube ich, daß die gesamte Besatzung betrunken gewesen sein muß; denn sie benahmen sich so seltsam, daß man wirklich kaum verstehen konnte, was sie taten und warum sie es taten. Das Gewitter wurde stärker, das Holz krachte, als zerbräche das Schiff. Das Wiehern wurde immer lauter. Der Aufseher und Ireneo wurden seekrank; die Pferde auch, sie sahen komisch aus. Aber zu sehen, wie der Ireneo, der ein ganzer Mann war, sich erbrach, machte mich traurig. Ich kroch auf allen vieren auf Deck herum und war froh, das Wasser auf dem Haar und im Gesicht zu spüren. Zum ersten Mal sah ich das Meer erzürnt.

Als sich der Sturm gelegt hatte, trocknete ich meine Kleidung an der Sonne. Ireneo gab mir eine Decke. Bald halsten mir meine Kameraden alle ihre Arbeiten auf. Ich mußte die Pferde waschen, füttern, ihre Lager säubern. Der Aufseher und Ireneo schwatzten den ganzen Tag miteinander, tranken oder spielten Taba mit Matrosen, die etwas Spanisch konnten. Genauso wie der Moro und ich verstehen sich auch die Menschen besser, wenn sie nicht dieselbe Sprache sprechen.

Eines Nachts träumte ich, daß ich auf dem Moro über das Meer hin galoppierte, der untergehenden Sonne nach, bis ich wieder nach Tres Arroyos kam. Oft wünschte ich mir, ich könnte das Schiff verlassen und mich von dieser unheimlichen, unendlichen Weite entfernen, wo es keinen Klee gab, keinen Weizen, keine Sonnenblumen, keinen Flachs, keinen Schlamm, kein gepflügtes Land, keinen Lehm, keine Bäume, keine Vögel, keine Rinder, keine Herden, sondern nur blaues Wasser, grünes Wasser, schwarzes Wasser mit Schaumkronen.

Ireneo und der Aufseher redeten oft miteinander, während ich die Pferde wusch oder ihnen ihr Futter gab. Über was redeten sie? Ich weiß es nicht. Sie studierten eine Landkarte von Frankreich und zeichneten mit einem Bleistift Kreuze ein; sie sprachen auch von Geld, das sie unter sich verteilen würden.

Das Schiff legte in Pernambuco an. Sogleich boten im Hafen die Händler Tisch- und Bettdecken feil, Körbe und niedliche Kleinigkeiten aus Zelluloid und hölzerne Puppen. Ireneo fragte mich, ob er mir etwas kaufen solle. Ireneo war gutmütig. Ich bat ihn um einen kleinen Vogel, weil ich annahm, daß es das billigste sei und weil es den Moro freuen würde, denn zu Hause auf dem Lande hatte sich oft eine Drossel auf seinem Rücken niedergelassen. Ich bat ihn auch um ein Taschenmesser, das ich brauchte, um meine Nägel zu putzen.

»Und einen Mantel?« sagte er. »Weißt du nicht, daß es in Frankreich schneit?«

Ich zuckte mit den Schultern. »Der kleine Poncho genügt mir«, antwortete ich.

Fast nackt versteckte ich mich in der Kiste. Die Sonne brannte wie Feuer. Schweißtropfen liefen mir über die Stirn. Es war Karneval, und bei Anbruch der Nacht kamen ein paar Maskierte den Hafendamm herunter, auf der Suche nach einem argentinischen Schiff, auf dem ein Fest stattfand. Sie gingen vorbei mit ihren Masken, tanzend warfen sie Papierschlangen auf unser leeres Schiff. Ich verließ mein Versteck und schaute umher. Ich sah eine Reihe Männer, manche mit Säcken auf den Schultern, andere mit Angeln, an denen Fische hingen; ich weiß nicht, ob sie zu den Maskierten gehörten oder ob es Peone waren, die die frische Nachtbrise ausnutzten, um zu arbeiten. Die Pferde, den ganzen Tag von der Hitze und dem Regen geplagt, ließen die Köpfe hängen. Ich vergaß meine Pflichten nicht, wusch sie und gab ihnen zu trinken, bevor ich über das Schiff ging und mein Alleinsein genoß.

Im Morgengrauen kehrten der Aufseher und Ireneo zurück. Ich versteckte mich. Sie waren betrunken, und ich wußte, was mich erwartete. Ireneo brachte ein Büschel Bananen und einen kleinen Käfig mit; der Aufseher einen breitkrempigen Strohhut voll Zuckerbirnen und Ananas. Nichts Gutes wartete auf mich; wenn sie betrunken waren, hatten sie nur eine Sorge: wie sie mich loswerden konnten.

»Wo ist er?« schimpfte der Aufseher, während er die Gangway heraufkam und sich dabei nach allen Seiten umschaute.

»Ich glaube, ich habe ihn dort gesehen«, antwortete Ireneo.

»Ich verkaufe ihn für einen Pappenstiel, für zwanzig Reis. Er kann bei der verrückten Frau die Innenhöfe schrubben; sie wird sich gut bedient finden. Und er, was will er mehr? Er kann den ganzen Tag Bananen essen wie ein Affe.«

Auf dem Kai stand eine Frau mit auffallend rotem Haar. Winkend schaute sie zum Schiff herüber, sie hoffte wohl, daß der Aufseher oder Ireneo mich endlich abliefern würden. Sie suchten mich bis zum Sonnenaufgang. Sie verließen das Schiff und kehrten wieder zurück. Mein Versteck war sicher, ich befand mich in einer leeren Kabine, durch deren Bullauge ich alles sehen konnte. Das Schiff erzitterte, die Sirene erklang, die Gangway wurde hochgezogen, die Ankerkette schlug gegen die Eisenteile des Schiffrumpfes. Ich nutzte das Rollen des Schiffes, um die Kabine zu verlassen und in die Kiste zu schlüpfen.

Als wir auf hoher See waren, merkte ich, daß Ireneo und der Aufseher auf Deck schliefen. Ireneo lag neben dem Bananenbündel und dem Käfig, der statt eines Vogels ein Äffchen enthielt; der Aufseher bei seinem Strohhut mit den Zuckerbirnen. Ich näherte mich, riß vier Bananen ab, schenkte eine dem Affen und aß die anderen; ich war hungrig; Ireneo gab mir einmal am Tag zu essen, aber niemals Obst, sondern nur die Reste seiner Mahlzeit – es war zwar reichlich, aber es schmeckte mir nicht. Das Meer, der Ebene so ähnlich, war nicht mehr grün, sondern blau, als wir Pernambuco hinter uns ließen.

Ireneo und ich nahmen uns vor, schwimmend mit der Herde zu fliehen, um sie vor dem Schlachthof zu retten. Es schien so leicht! Viel leichter, als nach Frankreich zu kommen.

Das Äffchen war manchmal bei Ireneo, der es unter dem Poncho trug, weil es so verfroren war, und manchmal bei mir. Wir nannten es Maní, das heißt Erdnuß.

Ein Pferd bekam den Koller. Es mußte ins Meer geworfen werden, damit niemand von der Krankheit erfuhr, sonst hätten sie uns alle bei der Ankunft in Frankreich in Quarantäne gesteckt und dann: adieu, Geschäft!

»Wenn noch ein Pferd wahnsinnig wird, werfen wir es ebenfalls ins Meer«, sagte der Aufseher und machte eine drohende Handbewegung. »Wir müssen verhindern, daß die Krankheit entdeckt und unser Geschäft ruiniert wird, und wenn wir die ganze Herde ins Wasser schmeißen müssen!«

Besorgt beobachtete ich den Moro. Eines Tages schien er mir traurig, da tat ich etwas Wein in sein Trinkwasser, um ihn aufzumuntern.

Der Kapitän, der ein bißchen Spanisch radebrechen konnte, unterhielt sich manchmal mit Ireneo und dem Aufseher. Wieder sprach er davon, daß ein kleiner Junge an Bord sein müsse, vielleicht ein blinder Passagier. Ireneo erwiderte ihm, er scheine an Anfällen zu leiden und solle bloß vorsichtig sein.

Nachts entzückte mich das Meeresleuchten, am Tag die fliegenden Fische. Die Stunden vergingen wie im Fluge, kaum blieb mir Zeit zum Schlafen. Ireneo redete immer mit dem Aufseher, auch ihnen reichte die Zeit nicht. Unlustig spielten sie Taba oder Karten beim Schein einer Petroleumlampe.

Eines Nachts, als sie um Geld spielten, schrie der Aufseher: »Betrug!« Ireneo lachte. Der Aufseher drängte ihn an die Reling. Es blitzten die Messer. Das von Ireneo fiel zu Boden. Ich hob es auf. Ich wollte es ihm geben, aber der Aufseher nahm es und stieß es ihm in die Brust. Die ganze Nacht bemühte sich der Aufseher, Ireneo wieder zu beleben. Vor dem Morgengrauen wickelte er den Leichnam in Säcke, verschnürte ihn und warf ihn ins Meer.

Er sagte: »Wir werden sagen, daß er sich das Leben genommen hat. Und überhaupt habe ich ihm eigentlich einen Gefallen getan. Wozu wollte er leben?«

Als die Besatzung merkte, daß Ireneo fehlte, suchte man ihn überall, sogar im Laderaum. Fast hätten sie mich dabei entdeckt. Aber mir war jetzt alles gleichgültig geworden!

Einer der Matrosen fand auf Ireneos Koje einen Zettel, auf dem stand: »Sucht mich nicht, denn ich werde mich ins Meer stürzen. Dann hören meine Leiden auf. Ireneo.« Der Aufseher sah aus wie einer, der einen Bruder verloren hat, als der Kapitän ihm auf die Schulter klopfte.

Nach Ireneos Verschwinden kümmerte sich der Aufseher um mich und um den Affen. Er brachte mir Wein: ich schüttete ihn ins Meer. Er brachte mir Essen: ich warf es ins Meer. Fünf Tage lang rührte ich keinen Bissen an, aber ich kam dabei fast um, und beschämt aß ich wieder, um nicht zu sterben. Der Aufseher schenkte mir Ireneos Peitsche, die einen Griff aus Silber hatte. Wortlos schaute ich ihm in die Augen und nahm sie an.

Als wir in Frankreich ankamen, regnete es. In der Eile der letzten Momente blieb das Äffchen Maní auf dem Schiff. Mit dem Kran wurde die Kiste, in der ich war, hinuntergeschafft und auf den Kai von Le Havre gestellt. An der Reling konnte ich Maní erkennen. Ich rief ihm einen Abschiedsgruß zu.

Am Eingang des Dorfes standen ein paar Ruinen. Dort zog der Aufseher einen zerknitterten Brief hervor und teilte mir den Tod meiner Mutter mit. Er war bucklig, denn das Böse und das Ungestalte treffen zusammen. Er nahm die Mütze ab und hielt mir die Hand hin. Ich kreuzte die Arme vor der Brust.

»Es tut mir wirklich leid«, sagte er und fügte hinzu: »Wenn du den Moro behalten willst, schenke ich ihn dir, Bichofeo.«

»Ich heiße Luis«, antwortete ich und dachte dabei, daß Mörder wie Würmer aussehen.

Wir machten uns auf den Weg zum Schlachthof. Die Mütze aus Sackleinen, die Maní auf dem Schiff getragen hatte, entglitt meiner Hand. Frankreich war genauso leer wie die Gegend von Tres Arroyos, aber es war kälter. Wir trieben die Herde, ich auf dem Moro, der Aufseher auf einem Fuchs. Seit jenem Tag hasse ich Füchse! Die Strecke war lang, so lang wie die von Tres Arroyos nach Bahia Blanca; keine Cinacina-Hecke, kein Eukalyptus boten uns Schutz. Die von Bäumen umsäumten Straßen zogen sich hin bis zum Horizont. Die Dörfer hatten krumme, enge Gäßchen. Der Himmel war weiter weg, und ich erkannte keines der Sternbilder. Wo waren wohl die drei Gürtelsterne, die Gluckhenne? Eine ganze Woche waren wir nun schon in diesem Land, das dem unseren so ähnlich und doch so anders ist. Wir näherten uns dem Schlachthof, hörten das Gebrüll der Tiere am frühen Morgen. Und dann, in dem Moment, da die Herde angsterfüllt stehenblieb, als ahnte sie plötzlich, wohin sie getrieben wurde, brachte ich mein Pferd neben das des Aufsehers. Was lag in meinem Blick, das einen Mann erschreckte?

Ich schlug ihm mit der Peitsche ins Gesicht und rief: »Für Ireneo!«

Ich gab dem Moro Zügel und Sporen und floh in die Richtung, wo wir von Bord gegangen waren. Ich galoppierte, ohne zu sehen, wohin, ohne zu wissen, wie lange. Als der Moro schweißgebadet stehenblieb, als würden seine Beine einknicken, fiel ich gegen seinen Hals und klammerte mich an ihm fest. Eine Frau sprach zu mir. Ich blicke in die Ferne. Die Frau trug ein blaues Schultertuch. Ich stieg ab, und sie nahm die Zügel. An ihrer Brust wurde ich ohnmächtig, das Gesicht an das Schultertuch gepreßt. Sie streichelte mein Haar und sagte etwas auf französisch, was ich nicht verstand, aber ich vernahm, was meine Mutter gesprochen hatte, als ich nach Bahia Blanca ging: »Bleib bei deiner Mutter«, und hörte die Stimme Gardels, im Radio des Ladens von Tres Arroyos.

DER REITER UND DER BODENSEE

Gustav Schwab

Der Reiter reitet durchs helle Tal,
Auf Schneefeld schimmert der Sonne Strahl.

Er trabet im Schweiß durch den kalten Schnee,
Er will noch heut an den Bodensee;

Noch heut mit dem Pferd in den sichern Kahn,
Will drüben landen vor Nacht noch an.

Auf schlimmem Weg, über Dorn und Stein,
Er braust auf rüstigem Ross feldein.

Aus den Bergen heraus, ins ebene Land,
Da sieht er den Schnee sich dehnen wie Sand.

Weit hinter ihm schwinden Dorf und Stadt,
Der Weg wird eben, die Bahn wird glatt.

In weiter Fläche kein Bühl, kein Haus,
Die Bäume gingen, die Felsen aus;

So flieget er hin eine Meil, und zwei,
Er hört in den Lüften der Schneegans Schrei;

Es flattert das Wasserhuhn empor,
Nicht anderen Laut vernimmt sein Ohr;

Kein Wandersmann sein Auge schaut,
Der ihm den rechten Pfad vertraut.

Fort geht's, wie auf Samt, auf dem weichen Schnee,
Wann rauscht das Wasser, wann glänzt der See?

Da bricht der Abend, der frühe, herein:
Von Lichtern blinket ein ferner Schein.

Es hebt aus dem Nebel sich Baum an Baum,
Und Hügel schließen den weiten Raum.

Er spürt auf dem Boden Stein und Dorn,
Dem Rosse gibt er den scharfen Sporn.

Und Hunde bellen empor am Pferd,
Und es winkt im Dorf ihm der warme Herd.

»Willkommen am Fenster, Mägdelein,
An den See, an den See, wie weit mag's sein?«

Die Maid, sie staunet den Reiter an:
»Der See liegt hinter dir und der Kahn.

Und deckt' ihn die Rinde von Eis nicht zu,
Ich spräch, aus dem Nachen stiegest du.«

Der Fremde schaudert, er atmet schwer:
»Dort hinten die Ebne, die ritt ich her!«

Da recket die Magd die Arm in die Höh:
»Herr Gott! so rittest du über den See!

An den Schlund, an die Tiefe bodenlos,
Hat gepocht des rasenden Hufes Stoß!

Und unter dir zürnten die Wasser nicht?
Nicht krachte hinunter die Rinde dicht?

Und du wardst nicht die Speise der stummen Brut,
Der hungrigen Hecht in der kalten Flut?«

Sie rufet das Dorf herbei zu der Mär,
Es stellen die Knaben sich um ihn her.

Die Mütter, die Greise, sie sammeln sich:
»Glückseliger Mann, ja, segne du dich!

Herein zum Ofen, zum dampfenden Tisch,
Brich mit uns Brot und iß vom Fisch!«

Der Reiter erstarret auf seinem Pferd,
Er hat nur das erste Wort gehört.

Es stocket sein Herz, es sträubt sich sein Haar,
Dicht hinter ihm grinst noch die grause Gefahr.

Es siehet sein Blick nur den gräßlichen Schlund,
Sein Geist versinkt in den schwarzen Grund.

Im Ohr ihm donnert's, wie krachend Eis,
Wie die Well umrieselt ihn kalter Schweiß.

Da seufzt er, da sinkt er vom Ross herab,
Da ward ihm am Ufer ein trocken Grab.

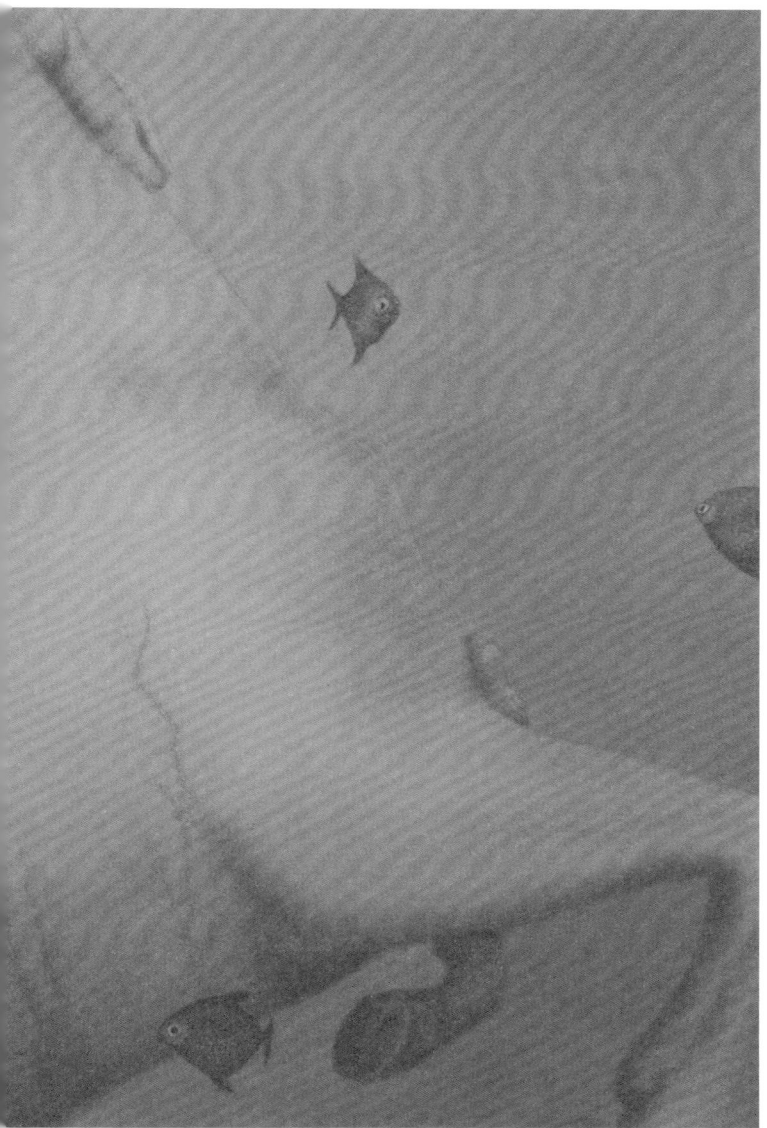

CERVANTES
Rocinante

An einem Ort in der Mancha, ich will mich nicht an den Namen erinnern, lebte vor nicht langer Zeit ein Edelmann, ein Hidalgo mit Lanze am Waffenhaken, alter Ledertartsche, dürrem Gaul und flinkem Jagdhund. Mittags ein Eintopf mit mehr Rind als Hammel, am Abend meist saures Haschee, am Samstag fromme Eier mit Speck, Linsen am Freitag, am Sonntag als Dreingabe ein Täubchen, so waren drei Viertel seiner Einkünfte verzehrt. Das Übrige war dahingegangen für ein langes Wams aus dunklem Wolltuch, ein Beinkleid aus Samt für die Feiertage mit passenden Schlüpfschuhen dazu. An den Wochentagen gönnte er sich seinen besten Loden. Eine Haushälterin lebte bei ihm, die die vierzig überschritten, und eine Nichte, die die zwanzig noch nicht erreicht hatte, ebenso ein Knecht für alles, der mal den Gaul sattelte, mal zum Rebmesser griff. Unser Edelmann war an die fünfzig Jahre alt, von zähem Leib, hagerem Wuchs, hohlen Wangen, ein leidenschaftlicher Frühaufsteher und Liebhaber der Jagd. Manche behaupten, sein Name sei Quijada oder Quesada gewesen – die über den Fall schreiben, sind sich nicht einig –, obwohl man mit gutem Grund annehmen darf, dass er Quijana hieß. Für unseren Bericht jedoch ist das nicht von Belang: genug, dass die Geschichte keinen Strich von der Wahrheit abweicht.

Besagter Hidalgo widmete sich in den Mußestunden – die meisten im Jahr – dem Lesen von Ritterromanen, und dies mit solchem Eifer und Vergnügen, dass er darüber fast die Jagd, ja selbst die Verwaltung von Geld und Gut vergaß. Lesehunger und Verirrung gingen so weit, dass er viele Morgen Ackerland verkaufte, um sich Ritterbücher zu besorgen, und er schaffte alle in sein Haus, deren er habhaft werden konnte. Am besten gefielen ihm die des unvergleichlichen Feliciano de Silva, dessen klare Prosa und gewundene Ergründungen ihm wahre Juwelen zu sein schienen, vor allem die Galanterien und Fehdebriefe, wo er etwa geschrieben fand: »Der Grund der Unvernunft, auf die meine Vernunft sich gründet, hat gründlich mir die Vernunft getrübt, so dass ich mit vernünftigem Grund über Eure Schönheit klage.« Und wenn er las: »Die hohen Himmel oben, die so göttlich Eure Göttlichkeit mit ihren Sternen stärken und so verdienstlich das Verdienst anzeigen, das Euer Herrlichkeit verdient ...«

Derlei Ergründungen bezwangen den Verstand des wackeren Mannes. Der Ärmste durchwachte Nächte, um sie zu begreifen und einen Sinn herauszufischen, den nicht einmal Aristoteles hätte hervorlocken und greifen können, wäre er auch eigens dazu von den Toten auferstanden. Nicht gefallen wollten ihm die Wunden, die Don Belianis austeilte und empfing, denn was für Wunderdoktoren ihn auch kuriert haben mochten, sein Gesicht und sein Leib mussten mit Narben und Wundmalen gepflastert sein. Dennoch lobte er den Verfasser dafür, dass er am Ausgang des Buches den Fortgang seines Abenteuers versprach, und oftmals überkam ihn der Wunsch, selbst zur Feder zu greifen und das Versprechen akkurat einzulösen. Ohne Zweifel hätte er das unbeirrt getan, wären ihm nicht erhabenere Gedanken in die Quere gekommen. Oft stritt er mit dem Pfarrer im Ort – einem studierten Mann, der sogar die Universität besucht hatte, im kleinen Sigüenza –, wer der bessere Ritter gewesen sei, Palmerin von England oder Amadis von Gallien. Für Meister Nicolás, den Dorfbarbier, kam hingegen keiner dem Phöbusritter gleich, mit dem sich höchstens Don Galaor messen könne, der Bruder des Amadis von Gallien, da der für alles die besten Anlagen besessen habe, als Ritter nicht so zimperlich und wehleidig wie sein Bruder und an Tapferkeit gewiss nicht ärmer gewesen sei.

Kurz, er versenkte sich so tief in die Bücher, dass er über ihnen die Nächte vom letzten bis zum ersten Licht und die Tage vom ersten bis zum letzten Dämmer verlas, und der knappe Schlaf und das reichliche Lesen trockneten ihm das Gehirn ein, so dass er den Verstand verlor. Sein Kopf bevölkerte sich mit dem, was er in den Büchern fand, mit Verzauberungen und Turnieren, mit Schlachten, Fehden, Blessuren, Liebesschwüren, Amouren, Herzensqualen und anderem abwegigen Unfug. All das nistete sich so fest in seinem Geist ein, dass ihm das Lügengebäude der phänomenalen Phantastereien, von denen er las, ganz unverrückbar wurde und es für ihn auf Erden keine wahrere Geschichte gab. So behauptete er etwa, Ruy Díaz, der Cid, sei ein hervorragender Ritter gewesen, reiche aber nicht an den Ritter vom glühenden Schwert heran, der mit einem einzigen Ochshieb zwei grimmige, turmhohe Riesen entzweigehauen habe. Besser kam bei ihm Bernardo del Carpio weg, denn der hatte bei Roncesvalles den gefeiten Roland getötet, indem er sich der List des Herkules bediente, der Antaios, den Sohn der Erde, in der Luft erdrosselt hatte. Sehr lobend sprach er vom Riesen Morgant, denn obwohl der dem aufgeblasenen, ruppigen Riesengeschlecht entstammte, war er als Einziger unter ihnen umgänglich und manierlich. Seine Vorliebe galt jedoch Rinald von Montalban, wenn er nur vor sich sah, wie er aus seiner Burg auszog und einen jeden beraubte, der des Weges kam, und sich

– wie seine Geschichte erzählt – das Götzenbild von Mohammed, durch und durch aus Gold, übers Meer holte. Um dem Verräter Ganelon mehr als eine Handvoll Tritte zu versetzen, hätte er seine Haushälterin hingegeben und seine Nichte obendrein.

Als seine Vernunft bereits hoffnungslos verflogen war, verfiel er auf den seltsamsten Gedanken, dem je ein Verrückter auf der Welt verfallen war, denn es schien ihm würdig und recht, zur Mehrung seiner Ehre und zum Dienst an seinem Land ein fahrender Ritter zu werden und wohlgerüstet hoch zu Ross in die Welt hinauszuziehen, Abenteuer zu suchen und all das zu vollführen, was die fahrenden Ritter, wie er gelesen hatte, vollführten, jeglichem Unrecht abzuhelfen, Gefechten und Gefahren zu trotzen, sie zu bestehen und ewigen Ruf und Ruhm zu erlangen. Der Bedauernswerte sah schon kraft seines starken Armes wenigstens die Krone von Trapezunt auf seinem Haupt. Beseelt von derlei erquicklichen Gedanken und dem einzigartigen Gefallen, das er an ihnen fand, beeilte er sich, in die Tat umzusetzen, wonach ihn verlangte. Als Erstes machte er sich daran, das Rüstzeug zu putzen, das seinen Urgroßvätern gehört hatte und rostig und stumpf seit grauen Zeiten vergessen in einem Winkel lag. Er säuberte und richtete es, so gut er konnte, doch fiel ihm ein großer Mangel auf, da sich der Helm nicht geschlossen mit der Rüstung verband, sondern ein offener Birnhelm war: ein schmuckloser Morion. Doch mit Geschick wusste er Abhilfe zu schaffen. Er bastelte sich aus Pappwerk die fehlende Hälfte und brachte sie an der Birne an, so dass sie wie ein echter Visierhelm aussah. Allerdings wollte er erproben, ob er auch stark genug sei und einem Klingenhieb standhalte, zog sein Schwert, versetzte ihm zwei Schläge, und schon der erste machte mit einem Streich das Werk von einer Woche zunichte. Die Leichtigkeit, mit der er ihn zerfetzt hatte, gab ihm doch zu denken, und um sich besser zu wappnen, machte er sich abermals an die Arbeit und brachte innen Eisenstäbe an, so dass er mit der Stärke zufrieden war, und ohne noch einmal die Probe wagen zu wollen, erklärte und erachtete er ihn als den feinsten aller Turnierhelme.

Dann sah er sich seinen Klepper an, und obwohl der mehr Aussatz als Einsatz zeigte und mehr Gebrechen als das Pferd des Hofnarren Gonella, das *tantum pellis et ossa fuit*, schien ihm doch, dass sich weder Alexanders Bukephalos noch der Babieca des Cid mit ihm messen konnte. Vier Tage lang brütete er darüber, welchen Namen er ihm geben sollte, denn es war nicht gebührlich – wie er sich sagte –, dass das Ross eines so trefflichen Ritters, und ein so vorzügliches obendrein, keinen bekannten Namen trage. So wollte er ihm einen suchen, aus dem klar ersichtlich würde, was es gewesen war, bevor es einem fahrenden Ritter angehörte, und was es nun war. Da sein Herr den Stand wechselte, war es nur recht und billig, dass es ebenfalls den Namen wechselte und dass ihm der zu Ruhm und Glanz gereiche, ganz wie es dem neuen Rang entsprach, in dem es diente, und der neuen Pflicht, die ihm oblag. Nach vielerlei Namen, die ihm Gedächtnis und Phantasie fanden und erfanden, verdammten und zurückriefen, verstießen und wieder hervorzogen, gelangte er zu dem Schluss, es Rocinante zu nennen, ein Name, erhaben und klangvoll, in dem zum Ausdruck kam, dass es nicht mehr bloß der alte Schindgaul war, sondern fortan ein Ross, das hinanfuhr zum höchsten Schindrossgipfel.

Da er nun seinem Pferd einen Namen so ganz nach seinem Geschmack gegeben hatte, wollte er auch sich selbst einen suchen, brütete weitere acht Tage darüber und nannte sich schließlich Don Quijote, weshalb die Verfasser dieser überaus wahren Geschichte wie berichtet folgern, dass er Quijada geheißen haben muss und nicht Quesada, wie andere behaupten. Doch dann fiel ihm ein, dass sich der tapfere Amadis nicht damit begnügt hatte, bloß Amadis zu heißen, sondern den Namen seines Reiches und Landes hinzugefügt und sich ihm zum Ruhm Amadis von Gallien genannt hatte. Als guter Ritter wollte er deshalb seinem Namen ebenfalls den seiner Heimat beifügen und nannte sich Don Quijote von der Mancha, denn so bekannte er sich trefflich zu seinen Vätern und zu seiner Heimat, die er ehrte, indem er sie als Beinamen wählte.

Das Rüstzeug war geputzt, der Morion hatte ein Visier, der Klepper einen Namen, er selbst hatte sich zum Ritter ernannt, und so schien es ihm, dass nur noch eines fehlte, sich eine Dame zu suchen, zu der er in Liebe erglühen könne, denn ein fahrender Ritter ohne Liebessinnen war ihm ein Baum ohne Blatt noch Frucht und ein Leib ohne Seele.

TSCHINGIS AITMATOW
Mit Worten kann man nicht alles sagen

Den ganzen nächsten Tag ließ sich Danijar nicht anmerken, ob er gekränkt war, er war so still und ruhig wie immer, nur hinkte er stärker als gewöhnlich, besonders wenn er Säcke trug. Offenbar war seine Wunde wieder aufgebrochen, und das erinnerte uns ständig an unsere Schuld. Hätte er gelacht oder gescherzt, uns wäre leichter geworden – und unser Zerwürfnis wäre vergessen gewesen. Auch Dshamilja tat, als sei nichts Besonderes geschehen. Sie gab sich unbekümmert und lachte den ganzen Tag, aber ich sah genau, daß ihr nicht froh zumute war.

Wir kamen spät von der Bahnstation zurück. Danijar fuhr voraus. Es war eine herrliche Nacht. Wer kennt nicht die Augustnächte mit ihren fernen und doch so nahen, ungewöhnlich hellen Sternen! Selbst die kleinsten Sterne waren deutlich zu erkennen. Einer von ihnen, an den Rändern wie mit Rauhreif umsponnen, in eisigen Strahlen funkelnd, blickte mit naivem Staunen vom dunklen Himmel auf die Erde herab. Während wir durch die Schlucht fuhren, betrachtete ich ihn lange. Die Pferde liefen in flottem Trab, unter den Rädern knirschte der Schotter. Der Wind trug aus der Steppe den bitteren Blütenstaub blühenden Wermuts und den schwachen Duft von taubedecktem, reifem Getreide herüber, und das alles, gemischt mit dem Geruch von Wagenschmiere und schweißdurchtränktem Pferdegeschirr, machte einen ganz benommen.

Auf der einen Seite hingen mit Heckenrosen überwucherte Felsen über den Weg, auf der anderen rauschte der unbändige

36

Kukureu tief unten in dem dichten Gestrüpp aus Weiden und Pappeln. Ab und zu fuhren irgendwo hinter uns Züge mit leisem Donnern über die Brücke, und das Rattern ihrer Räder hallte noch lange durch die Luft.

Es war schön, in der Kühle zu fahren, auf die schaukelnden Pferderücken zu schauen, in die Augustnacht hinauszuhorchen und ihre Düfte einzuatmen. Dshamilja fuhr vor mir her. Sie hatte die Leinen losgelassen und begann leise zu singen. Ich merkte, daß unser Schweigen sie bedrückte. In einer solchen Nacht kann man nicht schweigen, in einer solchen Nacht möchte man singen!

Und sie sang. Vielleicht sang sie auch, weil sie ihr Schuldgefühl Danijar gegenüber loswerden wollte, weil sie gern wieder so ungezwungen mit ihm umgegangen wäre wie früher. Sie hatte eine klangvolle, leidenschaftliche Stimme und sang die üblichen Dorflieder wie »Ich winke dir mit einem Seidentuch« oder »Mein Liebster ist fern von mir«, aber sie sang sie so schlicht und warm, daß man ihr gern zuhörte. Plötzlich brach sie mitten in der Strophe ab und rief Danijar zu:

»He, Danijar! Sing doch irgendwas! Du bist doch ein Dschigit! Oder nicht?«

»Sing du, Dshamilja, sing!« antwortete Danijar verwirrt und zügelte die Pferde. »Ich spitze beide Ohren.«

»Denkst du vielleicht, wir hätten keine Ohren? Aber du brauchst nicht zu singen, wenn du nicht magst.«

Und Dshamilja stimmte ein neues Lied an.

Wer weiß, warum sie ihn gebeten hatte, zu singen. Vielleicht einfach so, vielleicht wollte sie aber auch ein Gespräch mit ihm anfangen, denn nach einer Weile rief sie wieder: »Sag mal, Danijar, hast du schon einmal geliebt?« und lachte.

Danijar gab keine Antwort, und Dshamilja sagte nichts mehr. ›Der und singen!‹ dachte ich. ›Der ist mir der Rechte!‹

An dem Bach, der den Weg kreuzt, fielen die Pferde in Schritt, und ihre Hufeisen klirrten auf den nassen, silbrigen Steinen. Als die Furt hinter uns lag, trieb Danijar seine Pferde mit der Peitsche an und begann plötzlich leise zu singen:

> *Ihr Berge, ihr weißblauen Berge,*
> *Land meiner Väter ...«*

Seine Stimme klang belegt und bebte, sooft er über eine holprige Stelle fuhr. Plötzlich stockte er und räusperte sich, aber die folgenden Strophen sang er mit tiefer, sonorer, wenn auch etwas heiserer Stimme:

> *Ihr Berge, ihr weißblauen Berge,*
> *meine Wiege, meine Heimat ...«;*

Er verstummte wieder, als sei er über etwas erschrocken, und schwieg.

Ich merkte deutlich, wie verlegen er war. Aber selbst in diesem schüchternen, jäh abbrechenden Gesang war eine ungewöhnliche Erregung, und er hatte eine schöne Stimme. Man konnte fast nicht glauben, daß das Danijar war.

»Sieh mal an!« entfuhr es mir.

Dshamilja rief:

»Warum hast du denn früher nie den Mund aufgemacht? Komm, sing! Sing doch richtig!«

Vor uns wurde es heller – der Ausgang ins Tal. Ein leichter Wind wehte uns entgegen. Danijar begann zu singen. Wieder fing er zaghaft, unsicher an, doch allmählich gewann seine Stimme an Kraft, erfüllte die ganze Schlucht und hallte in den fernen Felsen wider.

Am meisten überraschte mich die Leidenschaft und Glut seiner Melodie. Es war etwas ganz Besonderes daran, aber was, das wußte ich nicht zu sagen, und ich weiß auch heute noch nicht, ob es nur Danijars Stimme war oder etwas Größeres, das unmittelbar aus der Seele des Menschen kommt, etwas, das bei anderen die gleiche Erregung und die verborgensten Gedanken zu erwecken vermag.

Wenn ich Danijars Lied doch nur ungefähr wiedergeben könnte! Es hatte fast keine Worte, ohne Worte enthüllte es die ganze Weite und Größe der menschlichen Seele. Nie mehr habe ich ein solches Lied gehört, weder vorher noch nachher: Es glich weder den kasachischen noch den kirgisischen Weisen und hatte doch etwas von beiden. Danijars Gesang enthielt die besten Melodien der beiden verwandten Völker und verflocht sie zu einem einzigen, unvergleichlichen Lied. Es war ein Lied der Berge und Steppen, bald schwang es sich empor wie die kirgisischen Berge, bald dehnte es sich frei und weit wie die Kasachensteppe.

Ich hörte zu und dachte staunend: ›So ist also Danijar! Wer hätte das gedacht?‹

Wir fuhren unterdessen in der Steppe einen weichen, ebenen Weg entlang, und nun entfaltete sich Danijars Gesang voll und frei, und neue, immer neue Melodien lösten einander ab. War er wirklich so reich? Was war denn auf einmal mit ihm geschehen? Gerade als hätte er nur auf seinen Tag, seine Stunde gewartet!

Plötzlich wurde mir alles klar: seine Absonderlichkeiten, die bei den Leuten Verwunderung und Spott hervorriefen, seine Verträumtheit, sein Hang zur Einsamkeit, seine Schweigsamkeit.

Ich begriff jetzt, warum er ganze Abende auf dem Wachthügel saß und allein am Fluß übernachtete, warum er unablässig auf Laute horchte, die anderen nicht vernehmlich waren, warum manchmal seine Augen plötzlich aufleuchteten und seine meist gerunzelten Brauen emporzuckten. Er war ein zutiefst verliebter Mensch. Aber er war nicht einfach in einen anderen Menschen verliebt – sondern es war eine andere, alles umfassende Liebe zum Leben und zur Erde. Diese Liebe erfüllte ihn ganz, sie klang aus seinen Liedern, sie war sein Leben. Ein gleichgültiger Mensch hätte niemals so singen können, und wenn seine Stimme noch so gut gewesen wäre.

Kaum war der letzte Widerhall des Liedes verebbt, da klang es von neuem zitternd auf und weckte die schlafende Steppe. In breitem Strom wogte das bläuliche reife Korn, das die Mahd erwartete, und der erste Morgenschimmer glitt über die Felder. An der Mühle rauschten mächtige alte Weiden leise mit dem silbrigen Laub, jenseits des Flusses erloschen die Hirtenfeuer. Bald hinter den Gärten verschwindend, bald wieder auftauchend, flog ein Reiter lautlos wie ein Schatten am Ufer entlang zum Aul. Von dort trug der Wind den milchwarmen Honigduft blühender Maisfelder und den Geruch von Äpfeln und trockenem Kuhmist herüber.

Lange, selbstvergessen sang Danijar. Die stille Augustnacht hörte ihm zu wie verzaubert. Sogar die Pferde waren schon längst in Schritt gefallen, als fürchteten sie, dieses Wunder zu stören.

Mitten im höchsten Ton brach Danijar sein Lied plötzlich ab, er stieß einen lauten Schrei aus und trieb seine Pferde zum Galopp an. Ich dachte, Dshamilja würde ihm nachjagen, und faßte die Leinen fester, aber sie rührte sich nicht. Sie blieb sitzen, wie sie die ganze Zeit gesessen hatte, den Kopf auf die Schulter geneigt, als lausche sie noch immer den verhallenden Tönen, die irgendwo in der Luft schwebten. Danijar war weggefahren, und Dshamilja und ich sprachen bis zum Aul kein einziges Wort. Wozu auch reden? Mit Worten kann man nicht alles sagen …

PLUTARCH
Der Schatten

Ein Thessalier namens Philoneikos bot Philipp den Bukephalos für 13 Talente zum Kauf an. Man ging hinaus ins freie Gelände, um das Pferd auszuprobieren, und da zeigte es sich, daß es schwierig und ganz unbrauchbar war, da es niemanden aufsitzen und sich nicht einmal von jemandem aus Philipps Gefolge ansprechen ließ, sondern sich immer aufbäumte, wenn ihm jemand in die Nähe kam. Philipp verlor die Geduld und befahl, es wegzuführen, es sei völlig wild und nicht zu zähmen. Da sagte Alexander, der dabeistand: »Was für ein Pferd geht da verloren, bloß weil sie aus Unverstand und Weichlichkeit nicht mit ihm umzugehen wissen.« Zunächst schwieg Philipp dazu, als Alexander aber weiter darüber sprach und große Erregung zeigte, sagte Philipp: »Du willst Älteren Vorwürfe machen, als ob du besser Bescheid wüßtest als sie und besser mit einem Pferd umgehen könntest?« »Mit diesem da würde ich jedenfalls besser zurechtkommen als irgend jemand sonst.« »Wenn du es aber nicht schaffst, welche Strafe willst du dann hinnehmen für deinen Vorwitz?« »Wahrhaftig, dann will ich den Preis für das Pferd bezahlen!« Alles lachte, und als man sich über den Preis geeinigt hatte, lief Alexander sogleich auf das Pferd zu, nahm es am Zügel und drehte es gegen die Sonne. Offenbar hatte er bemerkt, daß es scheute, wenn es seinen Schatten vor sich fallen und sich hin und her bewegen sah. Dann lief er ein paar Schritte neben ihm her, streichelte es, und als er sah, daß es wieder feurig und temperamentvoll wurde, ließ er behutsam seinen Mantel fallen, sprang aufs Pferd und setzte sich zurecht. Zunächst hielt er es ohne Schlagen und Zerren noch eine kurze Zeit zurück, indem er mit den Zügeln die Gebißstange leicht anzog. Als er aber sah, daß das Pferd seinen Widerstand aufgegeben hatte und jetzt heftig vorwärtsdrängte, gab er ihm die Zügel und ließ es laufen, indem er es durch lauteren Zuruf und Schenkeldruck noch vorwärtstrieb. Philipp und seine Begleiter waren zunächst stumm und voller Angst. Als er aber in einer dressurmäßigen Wendung stolz und froh zurückgeritten kam, jubelten ihm alle zu, sein Vater aber soll Freudentränen vergossen haben. Beim Absitzen küßte er seinen Sohn und sagte zu ihm: »Mein Sohn, such dir ein Reich, das deiner würdig ist; denn Makedonien ist zu klein für dich.«

INGEBORG BACHMANN
Beim Hufschlag der Nacht

Beim Hufschlag der Nacht, des schwarzen Hengstes vorm Tor,
zittert mein Herz noch wie einst und reicht mir den Sattel im
Flug,

rot wie das Halfter, das Diomedes mir lieh.
Gewaltig sprengt der Wind mir auf dunkler Straße voran
und teilt das schwarze Gelock der schlafenden Bäume,
daß die vom Mondlicht nassen Früchte
erschrocken auf Schulter und Schwert springen,
und ich schleudre
die Peitsche auf einen erloschenen Stern.
Nur einmal verhalt ich den Schritt, deine treulosen Lippen zu
küssen, schon fängt sich dein Haar in den Zügeln,
und dein Schuh schleift im Staub.

Und ich hör deinen Atem noch
und das Wort, mit dem du mich schlugst.

THEODOR STORM

»Es steht in unserem Stall«

Um dieselbe Zeit des folgenden Abends saß der Knecht auf dem großen Steine vor der Stalltür, als der Junge mit seiner Peitsche knallend zu ihm kam. »Das pfeift ja wunderlich!« sagte Jener.

»Freilich, nimm dich in Acht«, entgegnete der Junge; »ich hab auch Nägel in die Schnur geflochten.«

»So komm!« sagte der Andere.

Der Mond stand, wie gestern, am Osthimmel und schien klar aus seiner Höhe. Bald waren Beide wieder draußen auf dem Deich und sahen hinüber nach Jevershallig, die wie ein Nebelfleck im Wasser stand. »Da geht es wieder«, sagte der Knecht; »nach Mittag war ich hier, da war's nicht da; aber ich sah deutlich das weiße Pferdsgerippe liegen!«

Der Junge reckte den Hals: »Das ist jetzt nicht da, Iven«, flüsterte er.

»Nun, Carsten, wie ist's?« sagte der Knecht. »Juckt's dich noch, hinüberzufahren?«

Carsten besann sich einen Augenblick; dann klatschte er mit seiner Peitsche in die Luft: »Mach nur das Boot los, Iven!«

Drüben aber war es, als hebe, was dorten ging, den Hals, und recke gegen das Festland hin den Kopf. Sie sahen es nicht mehr; sie gingen schon den Deich hinab und bis zur Stelle, wo das Boot gelegen war. »Nun, steig nur ein!« sagte der Knecht, nachdem er es losgebunden hatte. »Ich bleib, bis du zurück bist! Zu Osten mußt du anlegen; da hat man immer landen können!« Und der Junge nickte schweigend und fuhr mit seiner Peitsche in die

Mondnacht hinaus; der Knecht wanderte unterm Deich zurück und bestieg ihn wieder an der Stelle, wo sie vorhin gestanden hatten. Bald sah er, wie drüben bei einer schroffen, dunklen Stelle, an die ein breiter Priel hinanführte, das Boot sich beilegte, und eine untersetzte Gestalt daraus ans Land sprang. – War's nicht, als klatschte der Junge mit seiner Peitsche? Aber es konnte auch das Geräusch der steigenden Flut sein. Mehrere hundert Schritte nordwärts sah er, was sie für einen Schimmel angesehen hatten; und jetzt! – ja, die Gestalt des Jungen kam gerade darauf zugegangen. Nun hob es den Kopf, als ob es stutze; und der Junge – es war deutlich jetzt zu hören – klatschte mit der Peitsche. Aber – was fiel ihm ein? er kehrte um, er ging den Weg zurück, den er gekommen war. Das drüben schien unablässig fortzuweiden, kein Wiehern war von dort zu hören gewesen; wie weiße Wasserstreifen schien es mitunter über die Erscheinung hinzuziehen. Der Knecht sah wie gebannt hinüber.

Da hörte er das Anlegen des Bootes am diesseitigen Ufer, und bald sah er aus der Dämmerung den Jungen gegen sich am Deich heraufsteigen. »Nun, Carsten«, frug er, »was war es?«

Der Junge schüttelte den Kopf. »Nichts war es!« sagte er. »Noch kurz vom Boot aus hatt ich es gesehen; dann aber, als ich auf der Hallig war – weiß der Henker, wo sich das Tier verkrochen hatte; der Mond schien doch hell genug; aber als ich an die Stelle kam, war nichts da als die bleichen Knochen von einem halben Dutzend Schafen, und etwas weiter lag auch das Pferdsgerippe mit seinem weißen, langen Schädel und ließ den Mond in seine leeren Augenhöhlen scheinen!«

»Hm!« meinte der Knecht; »hast auch recht zugesehen?«

»Ja, Iven, ich stand dabei; ein gottvergessener Kiewiet, der hinter dem Gerippe sich zur Nachtruh hingeduckt hatte, flog schreiend auf, daß ich erschrak und ein paar Mal mit der Peitsche hintennach klatschte.«

»Und das war Alles?«

»Ja, Iven; ich weiß nicht mehr.«

»Es ist auch genug«, sagte der Knecht, zog den Jungen am Arm zu sich heran und wies hinüber nach der Hallig. »Dort, siehst du etwas, Carsten?«

– »Wahrhaftig, da geht's ja wieder!«

»Wieder?« sagte der Knecht; »ich hab die ganze Zeit hinübergeschaut; aber es ist gar nicht fortgewesen; du gingst ja gerade auf das Unwesen los!«

Der Junge starrte ihn an; ein Entsetzen lag plötzlich auf seinem sonst so kecken Angesicht, das auch dem Knechte nicht entging. »Komm!« sagte dieser, »wir wollen nach Haus: von hier aus geht's wie lebig, und drüben liegen nur die Knochen – das ist mehr, als du und ich begreifen können. Schweig aber still davon, man darf dergleichen nicht verreden!«

So wandten sie sich, und der Junge trabte neben ihm; sie sprachen nicht, und die Marsch lag in lautlosem Schweigen an ihrer Seite.

– – Nachdem aber der Mond zurückgegangen, und die Nächte dunkel geworden waren, geschah ein Anderes.

Hauke Haien war zur Zeit des Pferdemarktes in die Stadt geritten, ohne jedoch mit diesem dort zu tun zu haben. Gleichwohl, da er gegen Abend heimkam, brachte er ein zweites Pferd mit sich nach Hause; aber es war rauhhaarig und mager, daß man jede Rippe zählen konnte, und die Augen lagen ihm matt und eingefallen in den Schädelhöhlen. Elke war vor die Haustür getreten, um ihren Eheliebsten zu empfangen: »Hilf Himmel!« rief sie, »was soll uns der alte Schimmel?« Denn da Hauke mit ihm vor das Haus geritten kam und unter der Esche hielt, hatte sie gesehen, daß die arme Kreatur auch lahme.

Der junge Deichgraf aber sprang lachend von seinem braunen Wallach: »Laß nur, Elke; es kostet auch nicht viel!«

Die kluge Frau erwiderte: »Du weißt doch, das Wohlfeilste ist auch meist das Teuerste.«

– »Aber nicht immer, Elke; das Tier ist höchstens vier Jahr alt; sieh es dir nur genauer an! Es ist verhungert und mißhandelt; da soll ihm unser Hafer gut tun; ich werd es selbst versorgen, damit sie mir's nicht überfüttern.«

Das Tier stand indessen mit gesenktem Kopf; die Mähnen hingen lang am Hals herunter. Frau Elke, während ihr Mann nach den Knechten rief, ging betrachtend um dasselbe herum; aber sie schüttelte den Kopf: »So eins ist noch nie in unserem Stall gewesen!«

Als jetzt der Dienstjunge um die Hausecke kam, blieb er plötzlich mit erschrocknen Augen stehen. »Nun, Carsten«, rief der Deichgraf, »was fährt dir in die Knochen? Gefällt dir mein Schimmel nicht?«

»Ja – o ja, uns' Weert, warum denn nicht!«

– »So bring die Tiere in den Stall; gib ihnen kein Futter; ich komme gleich selber hin!«

Der Junge faßte mit Vorsicht den Halfter des Schimmels und griff dann hastig, wie zum Schutze, nach dem Zügel des ihm ebenfalls vertrauten Wallachs. Hauke aber ging mit seinem Weibe in das Zimmer; ein Warmbier hatte sie für ihn bereit, und Brot und Butter waren auch zur Stelle.

Er war bald gesättigt; dann stand er auf und ging mit seiner Frau im Zimmer auf und ab. »Laß dir erzählen, Elke«, sagte er, während der Abendschein auf den Kacheln an den Wänden spielte, »wie ich zu dem Tier gekommen bin: ich war wohl eine Stunde beim Oberdeichgrafen gewesen; er hatte gute Kunde für mich – es wird wohl dies und jenes anders werden als in meinen Rissen; aber die Hauptsache, mein Profil ist akzeptiert, und schon in den nächsten Tagen kann der Befehl zum neuen Deichbau da sein!«

Elke seufzte unwillkürlich: »Also doch?« sagte sie sorgenvoll.

»Ja, Frau«, entgegnete Hauke; »hart wird's hergehen; aber dazu, denk ich, hat der Herrgott uns zusammengebracht! Unsere Wirtschaft ist jetzt so gut in Ordnung, ein groß Teil kannst du schon auf deine Schultern nehmen; denk nur um zehn Jahr weiter – dann stehen wir vor einem anderen Besitz.«

Sie hatte bei seinen ersten Worten die Hand ihres Mannes versichernd in die ihrigen gepreßt; seine letzten Worte konnten sie nicht erfreuen. »Für wen soll der Besitz?« sagte sie. »Du müßtest denn ein ander Weib nehmen; ich bring dir keine Kinder.«

Tränen schossen ihr in die Augen; aber er zog sie fest in seine Arme: »Das überlassen wir dem Herrgott«, sagte er; »jetzt aber, und auch dann noch sind wir jung genug, um uns der Früchte unserer Arbeit selbst zu freuen.«

Sie sah ihn lange, während er sie hielt, aus ihren dunklen Augen an. »Verzeih, Hauke«, sprach sie; »ich bin mitunter ein verzagt Weib!«

Er neigte sich zu ihrem Antlitz und küßte sie: »Du bist mein Weib und ich dein Mann, Elke! Und anders wird es nun nicht mehr.«

Da legte sie die Arme fest um seinen Nacken: »Du hast recht, Hauke, und was kommt, kommt für uns Beide.« Dann löste sie sich errötend von ihm. »Du wolltest von dem Schimmel mir erzählen«, sagte sie leise.

»Das wollt ich, Elke. Ich sagte dir schon, mir war Kopf und Herz voll Freude über die gute Nachricht, die der Oberdeichgraf mir gegeben hatte; so ritt ich eben wieder aus der Stadt hinaus, da, auf dem Damm, hinter dem Hafen, begegnet mir ein ruppiger Kerl; ich wußt nicht, war's ein Vagabund, ein Kesselflicker oder was denn sonst. Der Kerl zog den Schimmel am Halfter hinter sich; das Tier aber hob den Kopf und sah mich aus blöden Augen an; mir war's, als ob es mich um Etwas bitten wolle; ich war ja auch in diesem Augenblicke reich genug. »He, Landsmann!« rief ich, »wo wollt Ihr mit der Kracke hin?«

Der Kerl blieb stehen und der Schimmel auch. »Verkaufen!« sagte Jener und nickte mir listig zu.

»Nur nicht an mich!« rief ich lustig.

»Ich denke doch!« sagte er; »das ist ein wacker Pferd und unter hundert Talern nicht bezahlt.«

Ich lachte ihm ins Gesicht.

»Nun«, sagte er, »lacht nicht so hart; Ihr sollt's mir ja nicht zahlen! Aber ich kann's nicht brauchen, bei mir verkommt's; es würd' bei Euch bald ander Ansehen haben!«

Da sprang ich von meinem Wallach und sah dem Schimmel ins Maul, und sah wohl, es war noch ein junges Tier. »Was soll's denn kosten?« rief ich, da auch das Pferd mich wiederum wie bittend ansah.

»Herr, nehmt's für dreißig Taler!« sagte der Kerl, »und den Halfter geb ich Euch darein!«

Und da, Frau, hab ich dem Burschen in die dargebotne braune Hand, die fast wie eine Klaue aussah, eingeschlagen. So haben wir den Schimmel, und ich denk auch, wohlfeil genug! Wunderlich nur war es, als ich mit den Pferden wegritt, hört ich bald hinter mir ein Lachen, und als ich den Kopf wandte, sah ich den Slovaken; der stand noch sperrbeinig, die Arme auf dem Rücken, und lachte wie ein Teufel hinter mir darein.«

»Pfui«, rief Elke; »wenn der Schimmel nur nichts von seinem alten Herrn dir zubringt! Mög er dir gedeihen, Hauke!«

»Er selber soll es wenigstens, soweit ich's leisten kann!« Und der Deichgraf ging in den Stall, wie er vorhin dem Jungen es gesagt hatte.

– – Aber nicht allein an jenem Abend fütterte er den Schimmel; er tat es fortan immer selbst und ließ kein Auge von dem Tiere; er wollte zeigen, daß er einen Priesterhandel gemacht habe; jedenfalls sollte nichts versehen werden. – Und schon nach wenig Wochen hob sich die Haltung des Tieres; allmählich verschwanden die rauhen Haare; ein blankes, blau geapfeltes Fell kam zum Vorschein, und da er es eines Tages auf der Hofstatt umherführte, schritt es schlank auf seinen festen Beinen. Hauke dachte des abenteuerlichen Verkäufers: »Der Kerl war ein Narr oder ein Schuft, der es gestohlen hatte!« murmelte er bei sich selber.

– Bald auch, wenn das Pferd im Stall nur seine Schritte hörte, warf es den Kopf herum und wieherte ihm entgegen; nun sah er auch, es hatte, was die Araber verlangen, ein fleischlos Angesicht; draus blitzten ein Paar feurige braune Augen. Dann führte er es aus dem Stall und legte ihm einen leichten Sattel auf; aber kaum saß er droben, so fuhr dem Tier ein Wiehern wie ein Lustschrei aus der Kehle; es flog mit ihm davon, die Werfte hinab auf den Weg und dann dem Deiche zu; doch der Reiter saß fest, und als sie oben waren, ging es ruhiger, leicht, wie tanzend, und warf den Kopf dem Meere zu. Er klopfte und streichelte ihm den blanken Hals; aber es bedurfte dieser Liebkosung schon nicht mehr; das Pferd schien völlig eins mit seinem Reiter, und nachdem er eine Strecke nordwärts den Deich hinausgeritten war, wandte er es leicht und gelangte wieder an die Hofstatt.

Die Knechte standen unten an der Auffahrt und warteten der Rückkunft ihres Wirtes. »So, John«, rief dieser, indem er von seinem Pferde sprang, »nun reite du es in die Fenne zu den anderen; es trägt dich wie in einer Wiege!«

Der Schimmel schüttelte den Kopf und wieherte laut in die sonnige Marschlandschaft hinaus, während ihm der Knecht den Sattel abschnallte, und der Junge damit zur Geschirrkammer lief; dann legte er den Kopf auf seines Herrn Schulter und duldete behaglich dessen Liebkosung. Als aber der Knecht sich jetzt auf seinen Rücken schwingen wollte, sprang er mit einem jähen Satz zur Seite und stand dann wieder unbeweglich, die schönen Augen auf seinen Herrn gerichtet. »Hoho, Iven«, rief dieser, »hat er dir Leids getan?« und suchte seinem Knecht vom Boden aufzuhelfen.

Der rieb sich eifrig an der Hüfte: »Nein, Herr, es geht noch; aber den Schimmel reit der Teufel!«

»Und ich!« setzte Hauke lachend hinzu. »So bring ihn am Zügel in die Fenne!«

Und als der Knecht etwas beschämt gehorchte, ließ sich der Schimmel ruhig von ihm führen.

– – Einige Abende später standen Knecht und Junge miteinander vor der Stalltür; hinterm Deiche war das Abendrot erloschen, innerhalb desselben war schon der Koog von tiefer Dämmerung überwallt; nur selten kam aus der Ferne das Gebrüll eines aufgestörten Rindes oder der Schrei einer Lerche, deren Leben unter dem Überfall eines Wiesels oder einer Wasserratte endete. Der Knecht lehnte gegen den Türpfosten und rauchte aus einer kurzen Pfeife, deren Rauch er schon nicht mehr sehen konnte; gesprochen hatten er und der Junge noch nicht zusammen. Dem Letzteren aber drückte etwas auf die Seele, er wußte nur nicht, wie er dem schweigsamen Knechte ankommen sollte. »Du, Iven!« sagte er endlich, »weißt du, das Pferdsgeripp auf Jeverssand!«

»Was ist damit?« frug der Knecht.

»Ja, Iven, was ist damit? Es ist gar nicht mehr da; weder Tages noch bei Mondschein; wohl zwanzigmal bin ich auf den Deich hinausgelaufen!«

»Die alten Knochen sind wohl zusammengepoltert?« sagte Iven und rauchte ruhig weiter.

»Aber ich war auch bei Mondschein draußen; es geht auch drüben nichts auf Jeverssand!«

»Ja«, sagte der Knecht, »sind die Knochen auseinander gefallen, so wird's wohl nicht mehr aufstehen können!«

»Mach keinen Spaß, Iven! Ich weiß jetzt; ich kann dir sagen, wo es ist!«

Der Knecht drehte sich jäh zu ihm: »Nun, wo ist es denn?«

»Wo?« wiederholte der Junge nachdrücklich. »Es steht in unserem Stall.«

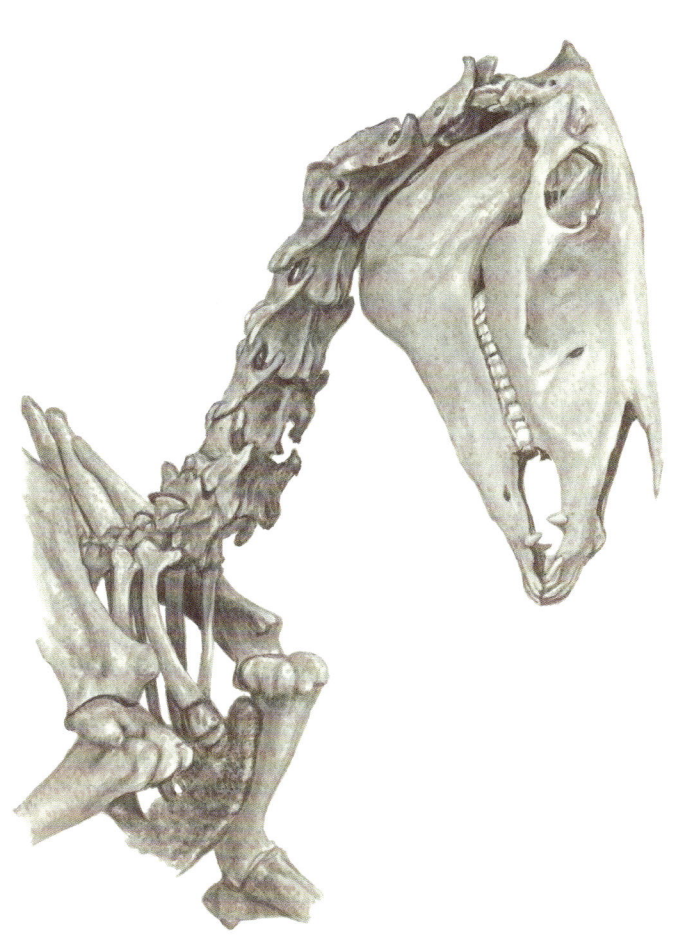

RAINER MARIA RILKE

Es kommt in prunkenden Gebreiten

Es kommt in prunkenden Gebreiten
der Abend wie ein leiser Gott.
Den Rappen vor! Jetzt will ich reiten
durch purpurbunte Einsamkeiten
in bügelleichtem Träumertrott.

Ich atme tief. Ich werde Kaiser.
Mein heller Helm ist losgeschnallt,
Und meine Stirne streifen Reiser
und rauschen so. Und leiser, leiser
hallt Huf und Ruf im roten Wald.

ELSE LASKER-SCHÜLER
Zirkuspferde

Ich liebe euch, ihr Pferde mit den langen Seidenschweifen, Atlas ist eure Haut und feuerfarbener Samt eure Augen. Solche Schönheit ist die Frömmigkeit der Pferde, gezüchtet, spielfähig und buntgebenedeit.

»Aber reiten will ich.«

Und dann brach der Frühling wie ein Jubelschrei über die Wälder um die Mattisburg herein. Der Schnee schmolz. In Strömen rann er von allen Bergwänden herab und suchte sich den Weg zum Fluss. Und der Fluss brauste und schäumte mit allen seinen Strudeln und Wirbeln und sang ein wildes Frühlingslied, das nie verstummte. Ronja hörte es in jeder wachen Stunde und selbst noch in den nächtlichen Träumen. Der lange, schreckliche Winter war vorüber. Die Wolfsklamm war schon seit langem schneefrei. Dort floss jetzt ein rauschender Bach und sein Wasser spritzte um die Pferdehufe, als Mattis und seine Räuber eines Morgens im Frühling durch den engen Pass ritten. Sie sangen und pfiffen, während sie ritten, hoho, jetzt begann endlich wieder das herrliche Räuberleben!

Und endlich konnte auch Ronja wieder in ihren Wald, nach dem sie sich so sehr gesehnt hatte. Schon längst hätte sie da sein und sehen wollen, was in ihrem Wald geschehen war, seit der Schnee geschmolzen und alles Eis getaut war. Aber Mattis war unerbittlich gewesen, er hatte sie nicht aus der Burg gelassen. Der Vorfrühlingswald sei voller Gefahren, behauptete er.

Und erst als es für ihn selber an der Zeit war, mit seinen Räubern auszuziehen, ließ er auch sie hinaus.

»Dann lauf«, sagte er. »Aber dass du mir nicht in einem tückischen Tümpel ersäufst!«

»Doch, das werd ich tun«, sagte Ronja. »Damit du endlich was zum Zetern hast.«

Mattis sah sie betrübt an.

»Ach, Ronjakind«, sagte er mit einem Seufzer. Und dann schwang er sich in den Sattel und preschte an der Spitze seiner Räuber die Hänge hinab und verschwand.

Kaum hatte Ronja den letzten Pferdehintern in der Wolfsklamm verschwinden sehen, stürmte sie hinterher. Auch sie sang und pfiff, als sie durch das kalte Wasser des Bachs watete. Und dann lief sie, lief und lief bis zum Weiher.

Und dort war Birk. Wie er es versprochen hatte. Er lag ausgestreckt auf einer Felsplatte in der Sonne. Ronja wusste nicht, ob er schlief oder wach war, sie nahm einen Stein und warf ihn ins Wasser, um festzustellen, ob er das Plumpsen hörte. Er hörte es und er sprang auf und kam ihr entgegen.

»Ich warte schon lange«, sagte er und wieder spürte sie, wie die Freude in ihr aufflammte, die Freude darüber, dass sie einen Bruder hatte, der sie erwartete.

Und hier war sie nun und hatte sich kopfüber in den Frühling gestürzt. So herrlich war er um sie herum, ja, auch sie selber war ganz erfüllt von seiner Herrlichkeit und sie schrie wie ein Vogel, laut und gellend, bis sie es Birk erklären musste.

»Ich muss einen Frühlingsschrei schreien, sonst zerspringe ich. Hör doch! Du hörst doch wohl den Frühling!«

Eine Weile standen sie schweigend da und lauschten dem Zwitschern und Rauschen, dem Brausen und Singen und Plätschern in ihrem Wald. Alle Bäume und alle Wasser und alle grünen Büsche waren voller Leben, von überall her erscholl das starke, wilde Lied des Frühlings.

»Hier stehe ich und spüre, wie der Winter aus mir herausrinnt«, sagte Ronja. »Bald bin ich so leicht, dass ich fliegen kann.«

Birk gab ihr einen Knuff.

»Dann flieg doch! Es sind bestimmt noch mehr wilde Druden unterwegs, mit denen du dich zusammentun kannst.«

Ronja lachte.

»Ja, mal sehen.«

Und dann hörten sie die Pferde. Von unten am Fluss kamen sie in vollem Galopp angerast und jetzt hatte Ronja es eilig.

»Komm! Ich möchte mir so gern ein Wildpferd fangen.«

Und sie liefen, bis sie sie sahen. Hunderte von Pferden, die mit flatternden Mähnen durch den Wald stoben, sodass der Boden unter ihren Hufen dröhnte.

»Ein Bär oder Wolf muss sie erschreckt haben«, sagte Birk. »Warum hätten sie sonst solche Angst?«

Ronja schüttelte den Kopf.

»Sie haben keine Angst. Sie laufen sich nur den Winter aus dem Leib. Aber sobald sie sich ausgetobt haben und anfangen zu grasen, fang ich mir eins und nehm es mit auf die Mattisburg, das hab ich schon lange vor.«

»Auf die Mattisburg? Was willst du denn da mit einem Pferd? Reiten kannst du doch nur im Wald. Wir fangen uns zwei und reiten gleich los, ja?«

Ronja überlegte eine Weile, dann sagte sie:

»Sogar Leute aus der Borkasippe haben Grips im Schädel, merke ich. Ja, das machen wir! Komm, wir versuchen es!«

Sie band ihren Lederriemen los. Auch Birk hatte sich so einen verschafft und mit wurfbereiten Schlingen versteckten sie sich hinter einem Felsblock nahe der Lichtung, wo die Wildpferde immer grasten.

Es machte den beiden nichts aus, dass sie warten mussten.

»Ich sitze gern hier und bin mitten im Frühling«, sagte Birk.

Ronja sah ihn verstohlen an und murmelte vor sich hin:

»Und dafür hab ich dich lieb, Birk Borkasohn.«

Lange saßen sie still da und waren mitten im Frühling. Sie hörten die Amsel singen und den Kuckuck rufen, der Gesang erfüllte den ganzen Wald. Fuchswelpen tollten nur einen Steinwurf von ihnen entfernt vor ihrem Bau. Eichhörnchen schwangen sich von Wipfel zu Wipfel und Hasen hoppelten über das Moos und verschwanden im Gebüsch. Ein Kreuzotterweibchen, das bald Junge bekommen würde, lag dicht neben ihnen friedlich in der Sonne.

Sie störten es nicht und es störte sie nicht. Der Frühling gehörte allen.

»Du hast Recht, Birk«, sagte Ronja. »Warum sollte ich ein Pferd auf die Burg mitnehmen, fort aus dem Wald, wo es hingehört. Aber reiten will ich. Und jetzt ist es so weit.«

Plötzlich war die Waldwiese voll grasender Pferde. Sie gingen dort ganz ruhig umher und rupften das frische Gras.

Birk zeigte auf zwei schöne braune junge Pferde, die abseits von der übrigen Herde zusammen weideten.

»Was hältst du von denen da drüben?«

Ronja nickte stumm. Mit hoch erhobenen Schlingen näherten sie sich den beiden, die sie einfangen wollten. Von hinten kamen sie geschlichen, langsam und lautlos und sachte immer näher. Da knackte ein kleiner Zweig unter Ronjas Fuß und sofort lauschte die ganze Herde, fluchtbereit. Als sich aber nichts Gefährliches zeigte, kein Bär, kein Wolf, kein Luchs oder anderer Feind, beruhigten sich die Tiere wieder und grasten weiter.

Auch die beiden Pferde, die Birk und Ronja sich ausgesucht hatten. Jetzt waren sie in Reichweite. Ronja und Birk nickten einander stumm zu und gleichzeitig flogen ihre Schlingen durch die Luft. Kurz darauf erscholl im Wald das wilde Gewieher der beiden gefangenen Pferde und das Gedonner vieler Hufe, als die Herde floh und im Wald verschwand.

Sie hatten zwei Hengste gefangen, zwei wilde, junge Hengste, die tobend ausschlugen, die sich aufbäumten und zerrten und bissen und wie wahnsinnig kämpften, um freizukommen, als Birk und Ronja sie an zwei Bäumen festbinden wollten.

Schließlich gelang es ihnen, aber sie mussten flink außer Reichweite der wirbelnden Hufe springen. Dann standen sie keuchend da und sahen zu, wie die Pferde sich aufbäumten und ausschlugen, dass der Schaum nur so an ihnen runtertropfte.

»Reiten wollten wir«, sagte Ronja, »aber diese beiden lassen sich fürs Erste nicht reiten.«

Das meinte auch Birk.

»Erst müssen wir ihnen begreiflich machen, dass wir ihnen nichts Böses wollen.«

»Das hab ich ja schon versucht«, sagte Ronja. »Mit einem Brotkanten. Aber wenn ich die Hand nicht schnell weggezogen hätte, dann hätten bei meiner Heimkehr ein paar abgebissene Finger an meinem Gürtel gebaumelt. Und das hätte Mattis nicht gerade heiter gestimmt.«

Birk wurde blass.

»Hat dieser Racker wirklich nach dir geschnappt, als du ihm Brot geben wolltest? Er wollte dich tatsächlich beißen?«

»Frag ihn doch«, antwortete Ronja mürrisch.

Missmutig sah sie zu dem tollwütigen Hengst hinüber, der immer noch raste und tobte.

»Racker, das ist ein guter Name«, sagte sie. »So werde ich ihn nennen.«

Birk lachte.

»Dafür musst du jetzt meinem Pferd einen Namen geben.«

»Ja, deins ist genauso toll«, sagte Ronja. »Nenn es doch Wildfang.«

»Hört ihr das, ihr Wildpferde?«, rief Birk. »Jetzt haben wir euch Namen gegeben. Racker und Wildfang heißt ihr und damit gehört ihr uns, ob ihr wollt oder nicht.«

Racker und Wildfang wollten nicht, das merkte man. Sie rissen und bissen an den Riemen. Der Schweiß lief nur so an ihnen herunter, trotzdem hörten sie nicht auf zu toben und auszuschlagen und ihr wildes Wiehern schreckte alle Tiere im weiten Umkreis.

Erst als der Tag sich neigte, erlahmten die Hengste, bis sie schließlich mit hängenden Köpfen still an ihren Bäumen standen. Nur hin und wieder noch ließen sie ein mattes und trauriges Wiehern hören.

»Bestimmt sind sie durstig«, sagte Birk. »Wir müssen sie tränken.«

Und sie banden ihre jetzt so friedlichen Pferde los und führten sie zum Weiher. Dort streiften sie ihnen die Riemen ab und ließen sie trinken.

Sie tranken lange. Danach standen sie ruhig und zufrieden da und sahen Birk und Ronja verträumt an.

»Wir haben sie schließlich doch noch gebändigt«, sagte Birk stolz.

Ronja klopfte ihrem Pferd den Hals, sah ihm tief in die Augen und erklärte ihm:

»Hab ich gesagt, ich werde reiten, dann reite ich auch, verstehst du?«

Sie packte Rackers Mähne mit festem Griff und schwang sich auf seinen Rücken.

»Los jetzt, Racker!«, sagte sie – und flog in hohem Bogen

kopfüber in den Weiher. Als sie wieder auftauchte, sah sie Racker und Wildfang gerade noch in vollem Galopp zwischen den Bäumen verschwinden.

Birk reichte ihr die Hand und zog sie ans Ufer. Stumm und ohne sie anzusehen tat er es. Und genauso stumm kam Ronja aus dem Wasser. Sie schüttelte sich, dass es spritzte. Dann lachte sie laut auf und sagte:

»Heute reite ich wohl nicht mehr!«

Da lachte auch Birk:

»Ich auch nicht!«

MERSEBURGER ZAUBERSPRUCH

Phol ende Uuodan   uuorun zi holza.
du uuart demo Balderes uolon   sin uuoz birenkit.
thu biguol en Sin*th*gunt,   Sunna era suister;
thu biguol en Friia,   Uolla era suister,
thu biguol en Uuodan,   so he uuola conda:
sose benrenki,   sose bluotrenki, sose lidirenki:
ben zi bena,   bluot zi bluoda,
lid zi geliden,   sose gelimida sin.

Phol und Wodan   fuhren in den Wald.
Da wurde dem Fohlen des Balder   sein Fuß verrenkt.
Da beschwor ihn Sinthgunt   und Sunna, ihre Schwester,
da beschwor ihn Freia   und Volla, ihre Schwester,
da beschwor ihn Wodan,   so gut er konnte:
Wie Knochenverrenkung,   so Blutverrenkung, so Glieder-
                                                        verrenkung;
Knochen zu Knochen,   Blut zu Blut,
Glied zu Glied,   auf dass sie zusammengefügt seien.

MAARTEN 'T HART
»Schämst du dich nicht?«

Meine früheste Erinnerung an den Tod ist der unter der schwarzen Trauerdecke hervorströmende Urinstrahl, der sprudelnd und schäumend im Rinnstein zum Gully floß. Die Trauerdecke hing zu beiden Seiten des Pferderückens fast bis auf die Straße herab, und hier und da berührte eine ihrer Quasten die Steine. Durch die Quasten hindurch strömte laut plätschernd das Wasser, das unter der Trauerdecke noch hellgelb war, aber immer dunkler wurde, je mehr es sich dem Abfluß näherte. Bläschen trieben darauf, von denen einige schon platzten, bevor sie unter der Trauerdecke zum Vorschein gekommen waren, während andere es bequem bis zum Gully schafften. Ich konnte nicht sehen, welches der beiden Pferde vor der schwarzen Kutsche das Wasser produzierte. Das eine Pferd schnaubte, warf seinen Kopf zurück, auf dem zwischen den Ohren zwei große schwarze Quasten befestigt waren. Sie schwankten hin und her, und ich wartete jeden Moment darauf, daß sie herunterfallen würden. Vielleicht hoffte ich es sogar. Das Pferd scharrte mit einem Huf auf den Pflastersteinen, die Funken sprühten viel deutlicher auf als sonst, weil es so dunkel war unter diesen bedeckten Pferderücken, und ich dachte: Dieses Pferd macht es. Ich bückte mich, ich versuchte, zwischen den Rädern der Kutsche hindurch etwas von den Bäuchen zu sehen, und im Dunkeln sah ich tatsächlich vage die Umrisse des seltsam großen Organs, das den Urin auf die Straße sprühte. Aber nicht das schnaubende, mit seinem Huf scharrende Pferd produzierte den Urin, nein, es war das andere, so unbewegliche Pferd, das Wasser ließ und immer weiter Wasser ließ, als wollte es das Feuer löschen, das der Huf seines Nachbarn aus der Straße schlug, und es war etwas, das man nie vergaß: dieses rotglühende Flackern im Dunkeln und das Wasser daneben – schäumend, als wenn es selber lebte – und das Wiehern des Pferdes, das kein Wasser ließ, und bei alledem die unwirkliche Ruhe der Umstehenden, die weder redeten noch sich bewegten, sondern nur dastanden und auf den Augenblick warteten, da der Sarg aus dem Haus von Nachbar Kraan nach draußen getragen wurde. Ich hatte den Sarg am Tag vorher gesehen, als er hineingebracht wurde, und schon da wußte ich, daß Nachbar Kraan gestorben war. Was das bedeutete, wußte ich nicht – er war fort, das war das einzige. Jeden Tag hatte er, solange ich mich erinnern konnte, hinter dem von Schiefblatt eingerahmten Fenster des Vorderzimmers an seinem Platz gesessen, groß und hochgewachsen und beeindruckend mit seinem in den späten Nachmittagsstunden, wenn die Sonne hereinschien, glänzendroten, kahlen Schädel. Niemals blickte er auf, wenn man vorsichtig hineinschielte; er hämmerte einfach weiter auf den Schuhen des ganzen Viertels, die er besohlte oder mit neuen Absätzen versah. Die Schuhe waren jetzt nicht zu sehen, denn vor dem Fenster hing ein weißes Bettlaken, ebenso wie vor den Scheiben aller anderen Fenster in unserer Straße. Auch vor unserem Fenster hing ein frischgewaschenes Bettlaken, wodurch im Hause eine merkwürdig stille Dämmerung entstand, die einen zu flüstern mahnte, statt zu sprechen, und was ein Lachen oder Lächeln unmöglich machte.

Das Wasserlassen hatte aufgehört, aber ich saß noch immer in der Hocke, denn das riesige, kaum sichtbare Organ schrumpfte langsam zusammen; es schien, als würde es hochgehoben.

Während ich noch aufmerksam dorthin spähte, hörte ich plötzlich eine Stimme: »Schämst du dich nicht?«

Erschrocken blickte ich mich um. Hoch über mir stand Onkel Job, der mich mit glitzernden Augen durch seine Brille ansah.

»Geh weg, hau ab, hast du keine Manieren?«

JONATHAN SWIFT
Das weiseste Volk auf der Erde

Am 9. Mai 1711 kam ein gewisser James Welch in meine Kajüte herab und sagte, er habe vom Kapitän Befehl, mich an Land zu setzen. Ich machte ihm Vorhaltungen, aber vergeblich; er wollte mir nicht einmal sagen, wer ihr neuer Kapitän sei. Sie zwangen mich, das Großboot zu besteigen, erlaubten mir aber, meinen besten Anzug anzuziehen, der noch so gut wie neu war, und ein kleines Bündel Wäsche, aber keine Waffen mit Ausnahme meines Hirschfängers mitzunehmen. Sie waren auch so anständig, mir nicht die Taschen zu durchsuchen, in die ich alles Geld, das ich besaß, und einige kleine Bedarfsgegenstände steckte. Sie ruderten etwa eine Meile und setzten mich dann an einem Gestade aus. Ich bat sie, mir zu sagen, was für ein Land es sei. Sie beteuerten alle, sie wüßten nicht mehr als ich, sagten aber, daß der Kapitän (wie sie ihn nannten) beschlossen habe, sich meiner nach Verkauf der Ladung an der ersten Stelle, wo sie Land entdeckten, zu entledigen. Sie stießen unverzüglich wieder ab, rieten mir, mich zu beeilen, damit ich nicht von der Flut überrascht würde, und sagten mir Lebewohl.

In dieser traurigen Lage ging ich vorwärts und kam bald auf festen Boden, wo ich mich auf einer Anhöhe niedersetzte, um auszuruhen und zu überlegen, was ich am besten tun könnte. Als ich mich ein wenig erholt hatte, ging ich mit dem Entschluß landeinwärts, mich den ersten Wilden, denen ich begegnete, auszuliefern und mir von ihnen das Leben mit ein paar Armbändern, Glasringen und anderem Spielzeug zu erkaufen, womit sich Seefahrer auf solchen Reisen gewöhnlich versehen und wovon ich einiges bei mir hatte. Das Land wurde von langen Baumreihen durchzogen, die jedoch nicht regelmäßig angepflanzt waren, sondern wild wuchsen; es gab auch eine Menge Wiesen und mehrere Haferfelder. Ich ging sehr vorsichtig, um nicht überrascht oder von hinten oder von der Seite plötzlich von einem Pfeil getroffen zu werden. Ich stieß auf einen ausgetretenen Weg, wo ich viele Spuren von menschlichen Füßen und einige von Kühen, am meisten aber von Pferden sah. Schließlich erblickte ich mehrere Tiere auf einem Feld und eins oder zwei derselben Art, die auf Bäumen saßen. Ihre Gestalt war sehr sonderbar und häßlich, was mich ein wenig beunruhigte, so daß ich mich hinter ein Gebüsch legte, um sie besser beobachten zu können. Einige von ihnen kamen näher an die Stelle heran, wo ich lag, und gaben mir Gelegenheit, ihre Gestalt deutlich zu sehen. Kopf und Brust waren mit dichtem Haar bedeckt, bei einigen war es kraus und bei anderen glatt. Sie hatten Bärte wie Ziegen und einen langen Haarstreifen über den Rücken und die Vorderseite der Beine und Füße hinunter; der übrige Teil ihres Körpers aber war kahl, so daß ich ihre Haut sehen konnte, die von braungelber Farbe war. Sie hatten keinen Schwanz und auch überhaupt kein Haar am Hinterteil, außer um den After herum, wo es, nehme ich an, die Natur hatte wachsen lassen, um sie zu schützen, wenn sie auf der Erde saßen; denn diese Stellung nahmen sie ein, legten sich auch nieder und standen oft auf den Hinterpfoten. Sie erkletterten hohe Bäume so behend wie Eichhörnchen, denn sie hatten vorne und hinten kräftige, lange Pfoten, die in scharfe und gekrümmte Krallen ausliefen. Sie tollten, hüpften und sprangen oft mit erstaunlicher Behendigkeit. Die Weibchen waren nicht so groß wie die Männchen; sie hatten langes, glattes Haar auf dem Kopf, aber keins im Gesicht und auch nicht mehr als eine Art Flaum auf dem übrigen Körper, außer um den After und die Scham. Ihre Zitzen hingen ihnen zwischen den Vorderpfoten herab und reichten beim Laufen oft fast bis zum Boden. Das Haar beider Geschlechter war von unterschiedlicher Farbe: braun, rot, schwarz und gelb. Im ganzen habe ich auf allen meinen Reisen niemals ein so widerliches Tier gesehen oder eines, gegen das ich instinktiv eine so starke Abneigung empfand. Deshalb stand ich voller Verachtung und Abscheu auf, als ich meinte, ich hätte genug gesehen, und ging auf dem ausgetretenen Weg weiter, da ich hoffte, er werde mich zur Hütte irgendeines Indianers führen. Ich war noch nicht weit gekommen, als ich eins dieser Geschöpfe genau vor mir sah, das geradeswegs auf mich zukam. Als mich das ekelhafte Ungeheuer erblickte, verzerrte es alle Züge seines Gesichts auf die verschiedenste Weise und starrte mich an wie etwas, was es noch nie gesehen hatte; dann kam es näher und hob die Vorderpfote, ob aus Neugier oder in schlimmer Absicht, konnte ich nicht unterscheiden. Ich zog aber meinen Hirschfänger und gab ihm einen derben Schlag mit der flachen Klinge; denn ich wagte nicht, mit der Schneide zuzuschlagen, weil ich befürchtete, die Einwohner möchten gegen mich aufgebracht sein, wenn sie erführen, daß ich eines ihrer Haustiere getötet oder verstümmelt hätte. Als das Vieh den Schmerz spürte, fuhr es zurück und brüllte so laut, daß eine Herde von wenigstens vierzig Stück vom nächsten Feld herbeigelaufen kam und mich umringte, wobei sie heulten und abscheuliche Grimassen schnitten. Ich lief jedoch zu einem Baum, lehnte mich mit dem Rücken gegen den Stamm und hielt sie mir vom Leibe, indem ich meinen Hirschfänger schwang. Mehrere von dieser verfluchten Brut bekamen hinten die Zweige zu fassen und sprangen auf den Baum, von wo sie anfingen, sich über meinem Kopf ihrer Exkremente zu entledigen; ich kam jedoch ziemlich gut davon, da ich mich eng an den Baumstamm drückte, erstickte aber beinahe an dem Gestank des Kotes, der an allen Seiten um mich herabfiel.

Mitten in dieser Bedrängnis bemerkte ich, daß sie plötzlich alle davonliefen, so schnell sie konnten. Daraufhin wagte ich es, den Baum zu verlassen und meinen Weg fortzusetzen, voller Verwunderung, was ihnen wohl diesen Schrecken eingejagt haben könnte. Als ich aber nach links blickte, sah ich, wie ein Pferd langsam über das Feld ging; dieses Tier, das meine Verfolger früher entdeckt hatten, war die Ursache ihrer Flucht. Das Pferd fuhr ein wenig zusammen, als es mir näher kam, faßte sich aber bald und sah mir mit deutlichen Zeichen des Erstaunens gerade ins Gesicht. Es sah sich meine Hände und Füße an und ging mehrere Male um mich herum. Ich wollte weitergehen, aber es stellte sich mir direkt in den Weg, blickte jedoch mit sehr sanfter Miene drein und machte nicht die geringsten Anstalten, Gewalt anzuwenden. Wir blieben eine Zeitlang stehen und starrten uns gegenseitig an; schließlich hatte ich die Kühnheit, die Hand nach seinem Hals auszustrecken in der Absicht, ihn zu streicheln, wobei ich nach Art der Reitknechte vorging und so wie sie pfiff, wenn sie im Begriff sind, mit einem fremden Pferd umzugehen. Dieses Tier aber schien meine Artigkeiten mit Verachtung aufzunehmen, schüttelte den Kopf, machte ein finsteres Gesicht und hob sacht den rechten Vorderfuß, um meine Hand wegzuschieben. Dann wieherte es drei- oder viermal, aber in so verschiedenem Tonfall, daß ich beinahe zu glauben begann, es spreche in einer eigenen Sprache mit sich selbst.

Während wir beide uns so miteinander abgaben, kam ein

zweites Pferd herbei, das sich in einer sehr förmlichen Weise an das andere wandte; sie klopften sich gegenseitig sanft auf den rechten Vorderhuf, wieherten abwechselnd mehrere Male und veränderten dabei den Ton, was beinahe artikuliert klang. Sie gingen ein paar Schritte zur Seite, gleichsam um sich zu besprechen, gingen Seite an Seite hin und her, wie Personen, die sich über eine gewichtige Angelegenheit beraten, wobei sie ihre Blicke aber oft auf mich richteten, als wollten sie aufpassen, daß ich nicht entwischte. Ich war erstaunt, solche Handlungen und ein solches Verhalten bei unvernünftigen Tieren zu finden, und kam zu dem Schluß, daß die Einwohner dieses Landes notwendig das weiseste Volk auf der Erde sein müßten, wenn sie mit einem entsprechenden Grad von Vernunft begabt wären. Dieser Gedanke gab mir so viel Trost, daß ich beschloß weiterzugehen, bis ich ein Haus oder ein Dorf entdecken oder einem der Eingeborenen begegnen würde, und die beiden Pferde miteinander reden zu lassen, wie es ihnen beliebte. Doch als das erste Pferd, ein Apfelschimmel, sah, daß ich mich davonstahl, wieherte es in so ausdrucksvollem Ton hinter mir her, daß ich mir einbildete zu verstehen, was es meinte; ich kehrte daraufhin um und näherte mich ihm, um seine weiteren Befehle zu erwarten, wobei ich jedoch meine Furcht verbarg, so gut ich konnte. Ich begann nämlich einige Sorge zu empfinden, wie dieses Abenteuer ausgehen würde, und der Leser wird leicht glauben, daß mir meine gegenwärtige Lage nicht sehr gefiel.

Die beiden Pferde kamen nahe an mich heran und blickten mir mit großem Ernst ins Gesicht und auf die Hände. Der Schimmel strich mit dem rechten Vorderhuf rund um meinen Hut und brachte ihn so sehr in Unordnung, daß ich genötigt war, ihn abzunehmen und wieder richtig aufzusetzen. Darüber schienen er und sein Gefährte (es war ein Brauner) sich sehr zu wundern. Der letztere befühlte meinen Rockschoß, und als er merkte, daß er locker an mir hing, schauten beide mit neuen Zeichen der Verwunderung drein. Er streichelte mir die rechte Hand, deren Zartheit und Farbe er zu bewundern schien, drückte sie aber so fest zwischen Huf und Fessel, daß ich laut schreien mußte; danach berührten sie mich beide so zart wie nur möglich. Sie waren in großer Ratlosigkeit wegen meiner Schuhe und Strümpfe, die sie mehrmals befühlten, wobei sie miteinander wieherten und verschiedene Gebärden machten, die denen eines Philosophen glichen, der versucht, eine Erklärung für ein neues und problematisches Phänomen zu finden.

Im ganzen war das Verhalten dieser Tiere so ordentlich und vernünftig, so scharfsinnig und klug, daß ich schließlich folgerte, es müßten notwendig Magier sein, die sich zu irgendeinem Zweck derart verwandelt hätten und, als sie am Wege einen Fremden sahen, zu dem Entschluß gekommen waren, sich einen Scherz mit ihm zu machen, oder vielleicht waren sie auch wirklich erstaunt über den Anblick eines Menschen, der sich in Kleidung, Gesichtszügen und Hautfarbe so sehr von jenen unterschied, die in dieser entlegenen Gegend leben mochten. Auf diesen Schluß hin wagte ich es, sie folgendermaßen anzureden: »Meine Herren, wenn Sie Zauberer sein sollten, wie ich guten Grund habe zu glauben, so können Sie jede Sprache verstehen. Ich nehme mir daher die Freiheit, Euer Gnaden wissen zu lassen, daß ich ein armer, unglücklicher Engländer bin, der durch sein Mißgeschick an Ihre Küste verschlagen worden ist, und ich flehe einen von Ihnen an, mich auf seinem Rücken, als ob er ein wirkliches Pferd wäre, zu einem Haus oder Dorf reiten zu lassen, wo mir geholfen werden kann. Als Dank für diese Gefälligkeit werde ich Ihnen dieses Messer und dieses Armband schenken« (und ich nahm beides aus der Tasche). Die beiden Geschöpfe standen schweigend da, während ich sprach, und schienen mit großer Aufmerksamkeit zuzuhören. Als ich geendet hatte, wieherten sie sich mehrere Male zu, als wären sie in einem ernsthaften Gespräch begriffen. Ich bemerkte deutlich, daß ihre Sprache die Gefühle sehr gut ausdrückte und daß die Wörter mit geringer Mühe und viel leichter als das Chinesische in ein Alphabet zerlegt werden könnten.

Ich konnte häufig das Wort »Yahoo« unterscheiden, das jeder von ihnen mehrmals wiederholte, und obgleich es mir unmöglich war zu erraten, was es bedeutete, bemühte ich mich doch, dieses Wort mit der Zunge zu formen, während sich die beiden Pferde eifrig unterhielten; und sobald sie schwiegen, sprach ich kühn mit lauter Stimme »Yahoo«, während ich gleichzeitig das Wiehern eines Pferdes nachahmte, so genau ich konnte. Darüber waren sie beide offensichtlich erstaunt, und der Schimmel wiederholte das Wort zweimal, als wolle er mich die richtige Aussprache lehren. Ich sprach es ihm nach, so gut ich konnte, und stellte fest, daß ich mich jedesmal merklich verbesserte, obgleich ich von jeglicher Vollkommenheit noch sehr weit entfernt war. Dann versuchte es der Braune mit einem zweiten Wort bei mir, das viel schwerer auszusprechen war; doch wenn man es in die englische Orthographie umsetzt, ließe es sich so schreiben: Houyhnhnm. Damit hatte ich nicht so guten Erfolg wie mit dem vorigen, aber nach zwei oder drei weiteren Versuchen hatte ich mehr Glück, und sie schienen beide über mein Auffassungsvermögen erstaunt zu sein.

Nach einem weiteren Gespräch, das sich wohl, wie ich vermutete, auf mich bezog, nahmen die beiden Freunde mit dem gleichen Gruß des sanften Hufklopfens voneinander Abschied, und der Schimmel gab mir Zeichen, ich solle ihm vorangehen; ich hielt es für geraten, mich zu fügen, bis ich einen besseren Führer finden könnte. Sobald ich anfing, langsamer zu gehen, rief er: »Hhuun! Hhuun!« Ich erriet, was er meinte, und gab ihm, so gut ich konnte, zu verstehen, daß ich erschöpft sei und nicht schneller gehen könne, worauf er eine Weile stehenblieb, um mich ausruhen zu lassen.

FRIEDRICH SCHILLER
Pegasus im Joche

Auf einen Pferdemarkt – vielleicht zu Haymarket,
Wo andre Dinge noch in Ware sich verwandeln,
Bracht einst ein hungriger Poet
Der Musen Roß, es zu verhandeln.

Hell wieherte der Hippogryph
Und bäumte sich in prächtiger Parade,
Erstaunt blieb jeder stehn und rief:
»Das edle, königliche Tier! Nur schade,
Daß seinen schlanken Wuchs ein häßlich Flügelpaar
Entstellt! Den schönsten Postzug würd es zieren.
Die Rasse, sagen sie, sei rar,
Doch wer wird durch die Luft kutschieren?
Und keiner will sein Geld verlieren.«
Ein Pachter endlich faßte Mut.
»Die Flügel zwar«, spricht er, »die schaffen keinen Nutzen,
Doch die kann man ja binden oder stutzen,
Dann ist das Pferd zum Ziehen immer gut.
Ein zwanzig Pfund, die will ich wohl dran wagen.«
Der Täuscher, hochvergnügt, die Ware loszuschlagen,
Schlägt hurtig ein. »Ein Mann, ein Wort«,
Und Hans trabt frisch mit seiner Beute fort.

Das edle Tier wird eingespannt.
Doch fühlt es kaum die ungewohnte Bürde,

So rennt es fort mit wilder Flugbegierde
Und wirft, von edelm Grimm entbrannt,
Den Karren um an eines Abgrunds Rand.
»Schon gut«, denkt Hans. »Allein darf ich dem tollen Tiere
Kein Fuhrwerk mehr vertraun. Erfahrung macht schon klug.
Doch morgen fahr ich Passagiere,
Da stell ich es als Vorspann in den Zug.
Die muntre Krabbe soll zwei Pferde mir ersparen,
Der Koller gibt sich mit den Jahren.«

Der Anfang ging ganz gut. Das leichtbeschwingte Pferd
Belebt der Klepper Schritt, und pfeilschnell fliegt der Wagen.
Doch was geschieht? Den Blick den Wolken zugekehrt,
Und ungewohnt, den Grund mit festem Huf zu schlagen,
Verläßt es bald der Räder sichre Spur,
Und treu der stärkeren Natur,
Durchrennt es Sumpf und Moor, geackert Feld und Hecken,
Der gleiche Taumel faßt das ganze Postgespann,
Kein Rufen hilft, kein Zügel hält es an,
Bis endlich, zu der Wandrer Schrecken,
Der Wagen, wohlgerüttelt und zerschellt,
Auf eines Berges steilem Gipfel hält.

»Das geht nicht zu mit rechten Dingen«,
Spricht Hans mit sehr bedenklichem Gesicht.
»So wird es nimmermehr gelingen;
Laß sehn, ob wir den Tollwurm nicht
Durch magre Kost und Arbeit zwingen.«
Die Probe wird gemacht. Bald ist das schöne Tier,
Eh noch drei Tage hingeschwunden,

Zum Schatten abgezehrt. »Ich habs, ich habs gefunden,«
Ruft Hans. »Jetzt frisch, und spannt es mir
Gleich vor den Pflug mit meinem stärksten Stier.«

Gesagt, getan. In lächerlichem Zuge
Erblickt man Ochs und Flügelpferd am Pfluge.
Unwillig steigt der Greif und strengt die letzte Macht
Der Sehnen an, den alten Flug zu nehmen.
Umsonst, der Nachbar schreitet mit Bedacht,
Und Phöbus' stolzes Roß muß sich dem Stier bequemen,
Bis nun, vom langen Widerstand verzehrt,
Die Kraft aus allen Gliedern schwindet,
Von Gram gebeugt das edle Götterpferd
Zu Boden stürzt und sich im Staube windet.

»Verwünschtes Tier!« bricht endlich Hansens Grimm
Laut scheltend aus, indem die Hiebe flogen.
»So bist du denn zum Ackern selbst zu schlimm?
Mich hat ein Schelm mit dir betrogen.«

Indem er noch in seines Zornes Wut
Die Peitsche schwingt, kommt flink und wohlgemut
Ein lustiger Gesell die Straße hergezogen.
Die Zither klingt in seiner leichten Hand,
Und durch den blonden Schmuck der Haare
Schlingt zierlich sich ein goldnes Band.
»Wohin, Freund, mit dem wunderlichen Paare?«
Ruft er den Baur von weitem an.
»Der Vogel und der Ochs an *einem* Seile,
Ich bitte dich, welch ein Gespann!

Willst du auf eine kleine Weile
Dein Pferd zur Probe mir vertraun,
Gib acht, du sollst dein Wunder schaun!«

Der Hippogryph wird ausgespannt,
Und lächelnd schwingt sich ihm der Jüngling auf den Rücken.
Kaum fühlt das Tier des Meisters sichre Hand,
So knirscht es in des Zügels Band
Und steigt, und Blitze sprühn aus den beseelten Blicken.
Nicht mehr das vorge Wesen, königlich,
Ein Geist, ein Gott, erhebt es sich,
Entrollt mit einemmal in Sturmes Wehen
Der Schwingen Pracht, schießt brausend himmelan,
Und eh der Blick ihm folgen kann,
Entschwebt es zu den blauen Höhen.

ROBERT MUSIL
Kann ein Pferd lachen?

Ein angesehener Psychologe hat den Satz niedergeschrieben: »... denn das Tier kennt kein Lachen und Lächeln.«

Das ermutigt mich zu erzählen, daß ich einmal ein Pferd lachen gesehn habe. Ich dachte bisher, das könne man alle Tage behaupten, und getraute mich nicht, Aufhebens davon zu machen; aber wenn es etwas so Kostbares ist, will ich gern ausführlich sein.

Also es war vor dem Krieg; es könnte ja sein, daß seither die Pferde nicht mehr lachen. Das Pferd war an einen Schilfzaun angebunden, der einen kleinen Hof umgrenzte. Die Sonne schien. Der Himmel war dunkelblau. Die Luft äußerst milde, obwohl man Februar schrieb. Und im Gegensatz zu diesem göttlichen Komfort fehlte aller menschliche: Mit einem Wort, ich befand mich bei Rom; auf einem Landweg vor den Toren, an der Grenze zwischen den bescheidenen Ausläufern der Stadt und der beginnenden bäuerlichen Campagna.

Auch das Pferd war ein Campagnapferd: jung und zierlich, von dem wohlgeformten kleinen Schlag, der nichts Ponyartiges hat, auf dem ein großer Reiter aber aussieht wie ein Erwachsener auf einem Puppenstühlchen. Es wurde von einem lustigen Burschen gestriegelt, die Sonne schien ihm aufs Fell, und in den Achseln war es kitzlig. Nun hat ein Pferd sozusagen vier Achseln und ist darum vielleicht doppelt so kitzlig wie der Mensch. Außerdem schien aber dieses Pferd auch noch je eine besonders empfindliche Stelle an der Innenseite der Schenkel zu haben, und jedesmal wenn es dort berührt wurde, konnte es sich vor Lachen nicht halten.

Schon wenn sich der Striegel von weitem näherte, legte es die Ohren zurück, wurde unruhig, wollte mit dem Maul hinfahren und entblößte, wenn es das nicht konnte, die Zähne. Der Striegel aber marschierte lustig weiter, Strich vor Strich, und die Lippen gaben nun immer mehr das Gebiß frei, indes sich die Ohren immer weiter zurücklegten und das Pferdchen von einem Bein auf das andere trat.

Und plötzlich begann es zu lachen. Es fletschte die Zähne, suchte mit der Schnauze den Burschen, der es kitzelte, so heftig es konnte, wegzustoßen; in der gleichen Weise, wie das eine Bauernmagd mit der Hand tut, und ohne daß es nach ihm gebissen hätte. Es trachtete auch, sich zu drehen und ihn mit dem ganzen Körper fortzudrängen. Aber der Knecht blieb im Vorteil. Und wenn er mit dem Striegel in der Nähe der Achsel anlangte, hielt es das Pferd in keiner Weise mehr aus; es wand sich auf den Beinen, schauderte am ganzen Leib und zog das Fleisch von den Zähnen zurück, so weit es nur konnte. Es benahm sich dann sekundenlang genau so wie ein Mensch, den man dermaßen kitzelt, daß er nicht mehr lachen kann.

Der gelehrte Zweifler wird einwenden, daß es dann eben doch nicht hat lachen können. Darauf ist ihm zu antworten, daß dies insofern richtig sei, als der von beiden, der jedesmal vor Lachen wieherte, der Stallbursche war. Das scheint in der Tat nur ein menschliches Vermögen zu sein, vor Lachen wiehern zu können. Aber trotzdem spielten die beiden sichtlich in Übereinstimmung, und sobald sie wieder von vorn begannen, konnte gar kein Zweifel daran bestehen, daß auch das Pferd lachen wollte und schon auf das wartete, was kommen werde.

So schränkt sich der gelehrte Zweifel an der Fähigkeit des Tieres darauf ein, daß es nicht über Witze zu lachen vermag. Das aber ist dem Pferd nicht immer zu verübeln.

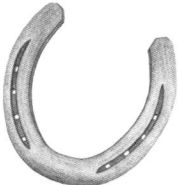

TEXTNACHWEISE

TSCHINGIS AITMATOW, *Mit Worten kann man nicht alles sagen*, S. 36,
Aus: Tschingis Aitmatow, *Dshamilja*, aus dem Russischen von Gisela
Drohla, Insel Verlag Berlin 2016

INGEBORG BACHMANN, *Beim Hufschlag der Nacht*, S. 46, Aus: Ingeborg
Bachmann, *Werke*. Bd. 1: Gedichte © 1978 Piper Verlag GmbH, München

JOHANNES BOBROWSKI, *Pferde*, S. 10, Aus: Johannes Bobrowski, *Gesammelte Werke in sechs Bänden*. 2. Band: Gedichte aus dem Nachlass ©
1998, Deutsche Verlags-Anstalt, München, in der Penguin Random
House Verlagsgruppe GmbH

MIGUEL DE CERVANTES SAAVEDRA, *Rocinante*, S. 30, Aus: Miguel de
Cervantes Saavedra, *Der geistvolle Hidalgo Don Quijote von der Mancha*, herausgegeben und neu übersetzt von Susanne Lange, Carl Hanser Verlag, München 2008

MARION GRÄFIN DÖNHOFF, *Nie schien die Freiheit größer*, S. 7, Aus:
Marion Gräfin Dönhoff, *Namen, die keiner mehr nennt* © 2004, Diederichs Verlag, München, in der Penguin Random House Verlagsgruppe GmbH

MAARTEN 'T HART, *»Schämst du dich nicht?«*, S. 69, Aus: Maarten 't Hart,
Gott fährt Fahrrad oder Die wunderliche Welt meines Vaters, übersetzt
von Marianne Holberg, © 2012 Piper Taschenbuch in der Piper Verlag
GmbH, München

ELSE LASKER-SCHÜLER, *Zirkuspferde*, S. 59, Aus: Else Lasker-Schüler, *Gesammelte Werke in drei Bänden*. Band 2: Gedichte, Suhrkamp Verlag
Frankfurt am Main 1996

ASTRID LINDGREN, *»Aber reiten will ich«*, S. 60, Aus: Astrid Lindgren,
Ronja Räubertochter, deutsch von Anne-Liese Kornitzky © Verlag
Friedrich Oetinger, Hamburg 1982

MERSEBURGER ZAUBERSPRUCH, S. 68, Aus: *Althochdeutsche Literatur*. Eine kommentierte Anthologie. Althochdeutsch/Neuhochdeutsch, übersetzt, herausgegeben und kommentiert von Stephan Müller, Reclam Verlag, Stuttgart 2007

ROBERT MUSIL, *Kann ein Pferd lachen?*, S. 87, Aus: Robert Musil, *Nachlaß zu Lebzeiten*, Rowohlt Verlag, Reinbek 1975

SILVINA OCAMPO, *Der Grauschimmel*, S. 12, Aus: *Narradores argentinas/ Argentinische Kurzgeschichten* (übersetzt von Marion Kaufmann), Deutscher Taschenbuch Verlag, München 1991

PLUTARCH, *Der Schatten*, S. 44, Aus: Plutarch, *Alexander*, übersetzt und herausgegeben von Marion Giebel, Reclam Verlag, Stuttgart 1980

RAINER MARIA RILKE, *Es kommt in prunkenden Gebreiten*, S. 58, Aus: Rainer Maria Rilke, *Die Gedichte*, Insel Verlag Frankfurt am Main und Leipzig 2006

FRIEDRICH SCHILLER, *Pegasus im Joche*, S. 83, Aus: Friedrich Schiller, *Sämtliche Gedichte und Balladen*, hg. v. Georg Kurscheidt, Insel Verlag Frankfurt am Main und Leipzig 2004

GUSTAV SCHWAB, *Der Reiter und der Bodensee*, S. 25, Aus: Gustav Schwab, *Gedichte*, Reclam Verlag, Leipzig 1882

THEODOR STORM, *»Es steht in unserem Stall«*, S. 48, Aus: Theodor Storm, *Sämtliche Werke in vier Bänden*. Band 3: Novellen 1881-1888 (Der Schimmelreiter), hg. v. Karl Ernst Laage, Deutscher Klassiker Verlag Frankfurt am Main 1988

JONATHAN SWIFT, *Das weiseste Volk auf der Erde*, S. 74, Aus: Jonathan Swift, *Gullivers Reisen*, aus dem Englischen von Franz Kottenkamp, Insel Verlag Frankfurt am Main 1972

INHALT

MARION GRÄFIN DÖNHOFF, *Nie schien die
Freiheit größer* ... 7
JOHANNES BOBROWSKI, *Pferde* ... 10
SILVINA OCAMPO, *Der Grauschimmel* ... 12
GUSTAV SCHWAB, *Der Reiter und der Bodensee* ... 25
CERVANTES, *Rocinante* ... 30
TSCHINGIS AITMATOW, *Mit Worten kann
man nicht alles sagen* ... 36
PLUTARCH, *Der Schatten* ... 44
INGEBORG BACHMANN, *Beim Hufschlag der Nacht* ... 46
THEODOR STORM, *»Es steht in unserem Stall«* ... 48
RAINER MARIA RILKE, *Es kommt in
prunkenden Gebreiten* ... 58
ELSE LASKER-SCHÜLER, *Zirkuspferde* ... 59
ASTRID LINDGREN, *»Aber reiten will ich.«* ... 60
MERSEBURGER ZAUBERSPRUCH ... 68
MAARTEN 'T HART, *»Schämst du dich nicht?«* ... 69
JONATHAN SWIFT, *Das weiseste Volk auf der Erde* ... 74
FRIEDRICH SCHILLER, *Pegasus im Joche* ... 83
ROBERT MUSIL, *Kann ein Pferd lachen?* ... 87

Erste Auflage 2023. Originalausgabe © Insel Verlag Anton Kippenberg GmbH & Co. KG, Berlin, 2023. Alle Rechte vorbehalten. Wir behalten uns auch eine Nutzung des Werkes für Text und Data Mining im Sinne von § 44b UrhG vor. Bezugspapier: Christina Kraus, Heroldsbach/Thurn. Gesetzt in der Schrift Milo Serif OT. Lithografie: D8 Digital Lab, Bayreuth. Gedruckt auf holzfreies, alterungsbeständiges mattgestrichenes Papier der Firma Inapa, Hamburg, von der Memminger MedienCentrum AG, Memmingen. Gebunden in Fadenheftung von der Conzella Verlagsbuchbinderei GmbH & Co. KG, Aschheim-Dornach. Dieses Buch wurde klimaneutral produziert: climatepartner.com/14438-2110-1001.
Printed in Germany. ISBN 978-3-458-19525-2
www.insel-verlag.de